26379

INSTITVTES

COVSTVMIERES,
OV
MANVEL

DE PLVSIEVRS ET DIVERSES
Reigles, Sentences, & Prouerbes, tant
anciens que modernes, du Droict
Coustumier & plus ordinaire
de la France.

Par M. ANTOINE LOISEL, *Aduocat*
en Parlement.

F. 4601.

A PARIS,
Chez HENRY LE GRAS, au troisiesme
Pilier de la grande Salle du Palais.

M. DC XXXVII.

A. E. G. L. A. L. D. B. Tout
ainſi que noſtre grand maiſtre
& Docteur commun du Droict
Romain nous enſeignoit qu'il
falloit ſoigneuſement aduiſer aux reigles &
principes de chacune partie d'iceluy; ainſi ay-
ie pris peine & plaiſir tout enſemble, en le
pratiquant auec noſtre Droict François, par
l'eſpace de quarante ans, & plus, de remar-
quer en nos Couſtumes & vſage ce qui auoit
apparence de reigle ou ſentence: & les aſſem-
blant peu à peu, les arranger en quelque meil-
leur ordre: eſperant que double profit en aduiendroit. L'vn en ce qu'elles pourroient ſer-
uir & à vous & à d'autres moins experimen-
tez d'inſtruction ou Inſtitutes couſtumieres
du droict de noſtre France. L'autre en ce que
les plus ſçauans ſeroient inuitez de communiquer au public, ce qu'ils en ont, ou pourront
plus heureuſement recueillir. Et qu'apres tant
de ramas confus & incertains, l'on ne deſdai-

ã ij

gnera point ceste simplicité d'escrire en laquelle
nous voyons les deux Sceuoles, Nerace, Caie,
Papinian, Paul, Vlpian, Pompone, Mar-
tian, Rufin, & autres Iurisconsultes s'estre
employez, & le Prince des Medecins acquis
vn loz immortel: se trouuant aussi par fois
icy la resolution de quelques poincts des plus
douteux & controuersez. Et par aduenture
en aduiendroit il vn troisiesme qui surpasseroit
de beaucoup les deux autres. Qui seroit que
tout ainsi que les Prouinces, Duchez, Comtez, & Seigneuries dece Royaume regies &
gouuernees sous diuerses coustumes, se sont
auec le temps rengees sous l'obeissance d'vn
seul Roy, & quasi de sa seule & vnique
monnoye; ainsi en fin se pourroyent elles en-
fin reduire à la conformité, raison, & equité
d'vne seule loy, coustume, poids & mesure
sous l'auctorité de sa M. Vous pouuant as-
seurer que la pluspart de ce qui est icy proie-
cté, se trouuera extraict de la source & ori-
gine du droict ancien coustumier, & plus ordinaire de ce Royaume, vsage & practique

d'iceluy: n'y ayant apporté que bien peu du
mien, auec l'ordre & la liaison, dont i'ay appris qu'il faut tousiours auoir grand soing.
Que si vous trouuez quelque obscurité, ou
trop grande antiquité en aucunes de ces reigles, la practique d'icelles vous les esclaircira
de plus en plus, & monstrera qu'elles seruent
grandement à la recognoissance de nostre
droict François. Comme si quelques vnes
d'icelles ne semblent, ou en effect ne sont
perpetuellement vrayes, souuenez-vous qu'il
faut du commencement tenir pour reigle ce
qui est plus vniuersel & general, ores qu'il
y ait des exceptions, & en effect, que la premiere reigle de toutes les reigles est celles-cy.

NVLLE REIGLE
SANS FAVTE.

6

TITRES.

PREMIER LIVRE.

III. LIVRE.

IV. LIVRE.

V. LIVRE.

8

INSTITVTES

COVSTVMIERES,

OV

DE PLVSIEVRS ET DI-
uerſes Reigles, Sentences, & Prouerbes du Droict couſtumier & plus
ordinaire de la France.

LIVRE PREMIER.

Des perſonnes. TITRE PREMIER.

QVI veut le Roy, ſi veut la
loy.

II.

Le Roy ne tient que de
Dieu & de l'eſpée.

A

III.

Le Roy ne meurt iamais.

IIII.

Tous les hommes de son Royaume luy sont subiets.

V.

Au Roy seul appartient de prendre tribut sur les personnes.

VI.

Toutes personnes sont franches en ce Royaume, & si tost qu'vn esclaue a attaint les marches d'iceluy, se faisant baptiser, il est affranchy.

VII.

Et sont nobles ou roturiers.

VIII.

Les roturiers sont bourgeois, ou vilains.

IX.

Nobles estoient iadis, non seulement les extraits de noble race en mariage, ou qui auoient esté annoblis par lettres du Roy, ou pourueus d'offices nobles : mais aussi ceux qui tenoient fiefs, & faisoient profession des armes.

X.

A raison dequoy il n'estoit point permis aux roturiers de tenir fief sans congé & permission du Prince.

XI.

Aujourd'huy toute personne peut tenir fiefs : aussi n'annoblissent ils point : s'il n'y auoit titre de grande dignité.

XII.

Nul ne peut annoblir que le Roy.

XIII.

Le moyen d'estre annobly sans lettres est d'estre faict Cheualier.

XIIII.

Nul ne doit seoir à la table du Baron s'il n'est Cheualier.

XV.

Pauureté n'est point vice, & ne desanoblit point.

XVI.

Longueur du temps n'estaint noblefseny franchife.

XVII.

Les nobles font proprement fujects
du Roy.

XVIII.

Les roturiers & vilains font iufticia-
bles des feigneurs defquels ils font cou-
chans & leuans.

XIX.

Sinon qu'il foit queftion d'heritages
qu'ils tiennent ailleurs, ou qu'ils foient
Bourgeois du Roy.

XX.

Droict de bourgeoifie s'acquiert par
demeure par an & iour, ou par adueu és
lieux où il y a droict de parcours & entre-
cours.

XXI.

Par quelques couftumes la verge an-
noblit, & le ventre affranchit.

XXII.

Naturellement les enfans nez hors
mariage fuiuent la condition de la mere.

XXIII.

En mariage legitime ils suiuent la condition du pere.

XXIIII.

Et en for mariage, le pire emporte le bó.

XXV.

L'adueu emportoit l'homme, & estoit iusticiable de corps & de chastel où il couchoit & leuoit : mais par l'ordonnance du Roy Charles IX. les delicts sont punis où ils sont commis.

XXVI.

Le vilain ou roturier estoit semond du matin au soir, ou du soir au matin : Au noble, il falloit quinzaine.

XXVII.

D'vn vilain, autre que le Roy ne peut faire Cheualier.

XXVIII.

Car vilain ne sçait que valent esperons.

XXIX.

Moult plus est tenu le franc homme

à son seigneur par l'hommage & honneur qu'il luy doit, que n'est le vilain pour ses rentes payant.

XXX.

Oignez vilain il vous poindra : Poignez vilain, il vous oindra.

XXXI.

Sergent à Roy est pair à Comte.

XXXII.

Le sous-aagé n'a ny voix ny respons à Court.

XXXIII.

L'aage parfaict estoit à quatorze ans, par l'ancienne Coustume de la France.

XXXIIII.

Femmes ont voix & respons en Court, & si reçoiuent mises & arbitrages.

XXXV.

Comme femme franche est annoblie par son mary, mesmes pendant son veufaage, aussi femme noble est faicte roturiere par son mary.

XXXVI.

Droict de puissance paternelle n'a lieu.

XXXVII.

Feu & leu font mancipation ce dict Braffas : & enfans mariez, font tenus pour hors de pain & pot, c'eft à dire emancipez.

XXXVIII.

Enfans de famille, & femmes mariees font tenuës pour auctorifez de leurs peres & maris en ce qui eft du faict des marchandifes dont ils s'entremettent au fceu de leurs peres & maris.

XXXIX.

Enfans nais auant le mariage , mis foubs le poille font legitimez.

XL.

Quelques couftumes dient qu'vn baftard , depuis qu'il eft nay eft entendu hors de pain : mais l'on iuge que qui fait l'enfant le doit nourrir.

XLI.

Baftards peuuent acquerir & difpofer de leurs biens, tant entre vifs, que par teftament.

XLII.

Maiſtre Martin Doublé , tenoit que baſtards ne pouuoient receuoir laigs de pere, ny de mere : Ce qui ſe doit entendre de laigs excedant leur nourriture.

XLIII.

Baſtard aduoüé, retenoit le nom & la nobleſſe de la maiſon de ſon pere, auec les armes d'icelles barrees à gauche: Mais par l'Ordonnance du Roy Henry le Grand , il leur faut lettres.

XLIIII.

Baſtards ne ſuccedent point ores qu'ils ſoient legitimez , ſi ce n'eſt du conſentement de ceux qui y ont intereſt.

XLV.

Auſſi perſonne ne leur ſuccede , ſinon leurs enfans nez en loyal mariage.

XLVI.

En defaut d'enfans , leur ſucceſſion appartient au Roy , ou aux ſeigneurs hauts iuſticiers en la terre deſquels ils ſont nez , domiciliez , & decedés,

XLVII.

En dispense de bastard ceste condition est tousiours entenduë s'il est né de femme franche.

XLVIII.

Aubains sont estrangers qui sont venus s'habituer en ce Royaume, ou qui en estans natifs s'en sont volontairement estrangez.

XLIX.

Aubins ne peuuent succeder ny tester que iusques à cinq sols, & pour le remede de leurs ames.

L.

Bien peuuent-ils acquerir & disposer de leurs biens entre vifs.

LI.

S'ils ne laissent des enfans nés, & demeurans au Royaume, ou d'autres parens naturalisez & y demeurans, le Roy leur succede.

LII.

Et non autres seigneurs, s'ils n'y sont

fondez en tiltre, & permiſſion expreſſe
du Roy.

LIII.

Ny pareillement leurs parens naturaliſez tant qu'il y en a de regnicoles, ores
que plus eſloignez en degré.

LIIII.

Aubins ne peuuent tenir offices, ny
benefices, fermes du Roy, ny de l'Egliſe.

LV.

Le tout s'ils ne ſont naturaliſez par
lettres du Roy verifiees en la chambre
des Comptes.

LVI.

Gens d'Egliſe, de Communauté &
morte main peuuent acquerir au fief ſei-
gneurie, & cenſiue d'autruy: mais ils ſont
contraignables dans vuider leurs mains
dans l'an & iour du commandement à
eux faict apres l'exhibition de leur contract.

LVII.

Apres l'an ils n'y peuuent eſtre contraints, mais ſont tenus en payer indemnité au ſeigneur & prendre admortiſſement du Roy.

LVIII.

Nul ne peut admortir que le Roy.

LIX.

L'admortiſſement de ce qui eſt tenu immediatement du Roy : s'eſtime couſtumierement à la valeur du tiers de la choſe.

LIX.

Ce qui eſt tenu mediatement d'autruy ne s'eſtime pas tant, d'autant qu'outre ce, il faut payer l'indemnité au ſeigneur.

LXI.

Le droit d'indemnité du ſeigneur s'eſtime au tiers, cinquieſme, ou ſixieſme de la valeur de la choſe cenſuelle.

LXII.

Car quant à ce qui eſt tenu en fief, il en faut bailler homme viuant, & mourant, voire confiſquant au ſeigneur haut iuſticier.

LXIII.

Par la mort duquel vaſſal eſt deu plain rachapt.

LXIIII.

Droiĉt d'indemnité eſt perſonnel, & n'eſt deu qu'vne ſeule fois.

LXV.

Tenir en main-morte, franc alleu, ou franc aumoſne eſt tout vn en effeĉt.

LXVI.

Mais l'Egliſe, & autres communautez tiennent en main-morte, & les particuliers en franc alleu, ou franc aumoſne.

LXVII.

L'vn ne l'autre ne doiuent ſeruice, céſiue, ny redeuance : Mais ſont tenus bailler par declaration au Roy ou à leur ſeigneur Suzerain & Iuſticier.

LXVIII.

Terre ſortant de main-morte, rentre en la ſujeĉtion de feudalité, ou cenſiue,

LXIX.

L'Egliſe n'a ny fiſc ny territoire.

LXX.

Il y a des fiefs & main-mortes de corps & de meubles, & autres d'heritages.

LXXI.

Le serf ne succede poinct au franc, ny le franc au serf.

LXXII.

Auant qu'vn serf manumis par son seigneur soit franc, il faut qu'il paye finance au Roy.

LXXIII.

Serfs ou main-mortables ne peuuent tester : & ne succedent les vns aux autres, sinon tant qu'ils sont demeurans en commun.

LXXIV.

Car le plus souuent, vn party, tout est party : & le chanteau part le vilain.

LXXV.

Le feu, le sel, & le pain partent l'homme morte-main.

LXXVI.

Argent rachapte morte-main.

LXXVII.

Serf ou homme de mainmorte ne peut eſtre fait Cheualier.

LXXVIII.

Ny preſtre ſans le congé de ſon ſeigneur.

LXXIX.

Et l'eſtant, n'eſt point deſchargé de rien, fors des coruées de ſon corps.

LXXX.

La femme ſerue n'eſt annoblie par ſon mary.

LXXXI.

Le ſeigneur a droiĉt de ſuitte, & de formariage ſur ſes ſerfs.

LXXXII.

Vn ſeul enfant eſtant en celle reſ-queuſt la mainmorte.

LXXXIII.

Les droiĉts de ſeruitude ſur priſonniers de guerre n'ont lieu en Chreſtienté, & peuuent teſter.

De Mariage. Tit. II.

I.

FILLE fiancée n'eſt priſe ny laiſſée. Car tel fiance qui n'eſpouſe point.

II.

Les mariages ſe font au ciel & ſe conſomment en la terre.

III.

On dict communement, qu'en mariage il trompe qui peut, qui procede de ce que nos Maiſtres nous apprennent que *dolus dan cauſam contractui matrimonÿ non reddit illum ipſo iure nullum.*

IIII.

Et neantmoins toutes contre-lettres y ſont defenduës.

V.

Enfans de famille ne ſe peuuent marier ſans le congé de leurs peres & meres s'ils ne ſont majeurs les fils de trente aus, & les filles de vingt cinq, ſur peine de pouuoir eſtre desheritez.

VI.

L'on diſoit boire , manger , coucher enſemble, c'eſt mariage ce me ſemble. Mais il faut que l'Egliſe y paſſe.

VII.

Hommes & femmes mariez ſont tenus pour emancipez.

VIII.

Qui eſpouſe le corps , eſpouſe les debtes : ſinon qu'il ſoit autrement conuenu, & à ceſte fin faiƈt inuentaire.

IX.

Et ſont les mariez communs en tous biens meubles & conqueſts immeubles du iour de leur benediƈtion nuptiale.

X.

A laquelle communuauté les veufues nobles de ceux qui mourroient au voyage d'outre mer, eurent priuilege de pouuoir renoncer : Et depuis en general toutes les autres.

XI.

Ce qui a depuis eſté eſtendu iuſques

aux

aux roturiers, par l'auctorité & inuention
de maistre Iean Iaques de mesme.

XII.

Le mari ne pouuant directement, ny
indirectement obliger les propres de sa
femme.

XIII.

Ladite renontiation se doit faire dans
les quarante iours : le terme de quarante
iours & quarante nuits estant de l'ordinaire des François.

XIV.

Car ce qui se disoit iadis, que le mary
se deuoit releuer trois fois la nuict pour
vendre le bien de sa femme, a finalement
esté reprouué par plusieurs Arrests &
Coustumes modernes.

XV.

L'on ne peut plus honnestement vendre son heritage qu'en constituant vn
grand dot à sa femme.

XVI.

Le mary est maistre de la communau

té, poſſeſſion & iouyſſance des propres
de ſa femme, & non de la proprieté d'i-
ceux.　　　XVII.

Car quant à ce qui concerne la proprieté des propres de la femme : il faut
que tous deux y parlent ſelon la couſtume de la France , remarquée par Iean
Faure.

XVIII.

Debte de propres de la femme alienez
eſt de communauté.

XIX.

Encores ne peut il diſpoſer des biens
de la communauté au profit de ſon heritier preſumptif, ny par teſtament au preiudice de ſa femme.

XX.

Femmes franches ſont en la puiſſance
de leurs maris, & non de leurs peres.

XXI.

Ne peuuent contracter , ny eſter en
iugement ſans l'auctorité d'iceux. Mais
bien diſpoſer par teſtament : Comme en

pays de droict escript, sans l'auctorité de leur pere.

XXII.

Vn mary mineur peut auctoriser sa femme maieur, sans qu'elle s'en puisse faire releuer : mais bien luy.

XXIII.

Si le mary est refusant de les auctoriser, elles seront auctorisées par iustice, & le iugement qui interuiendra contre elles, executé sur les biens de la communauté, icelle dissoluë.

XXIV.

Femme separee de biens, auctorisee par iustice peut contracter & disposer de ses biens, comme si elle n'estoit mariee.

XXV.

Donation en mariage, ny concubinage ne vaut.

XXVI.

Mais mary & femme n'ayans enfans se peuuent entre-donner mutuellement,

pourueu dient quelques couſtumes, qu'ils
ſoient inels ou egaux en ſanté, aage &
cheuance.

XXVII.

Don mutuel ne ſaiſit point.

XXVIII.

Feu Monſieur le Premier Preſident
le Maiſtre a releué ce prouerbe. Qu'il n'y
a ſi bon mariage qu'vne corde ne rompe.

XXIX.

Le mary faict perdre le dueil à ſa femme, mais non la femme au mary.

XXX.

Femme veufue renonçant à la communauté iettoit iadis ſa ceinture, ſa bour-
ce & ſes clefs ſur la foſſe de ſon mary:
maintenant il faut renoncer en iuſtice, &
faire inuentaire.

XXXI.

Si elle recelle, ou deſtourne, la renonciation qu'elle fera ne luy profite, ains
ſera tenuë aux debtes, comme commune,
& ſi perdra ſa part au recelé ou deſtourné.

XXXII.

Morte ma fille, mort mon gendre.

XXXIII.

Femme veufue porte le dueil aux despens de son mary.

Des Doüaires. TITRE IIII.

IADIS femme n'auoit doüaire fors le conuenancé au mariage par ces mots. Et dit doüaire te doue qui est deuisé entre mes amis & les tiens. Depuis par l'establissement du Roy Philippe Augusto de l'an deux cens quatorze, rapportee par Philippes de Beaumanoir, elle a esté doüee de la moitié de ce que l'hôme auoit lors qu'il l'espousa fors en la Couronne, Comtez, & Baronnies tenuës d'icelle, & en quelques donjons & forteresses.

III.

Et pareillement de la moitié de ce qui luy eschet en ligne directe, descendant pendant le mariage, selon l'ancien aduis

de Maiſtre Eude de Sens, receu contre
l'opinion de quelques autres couſtu-
miers.　　　　　III.

Car ſi le mary n'eſtoit de rien ſaiſi, &
que ſon pere ou ayeul qui tenoient la terre y furent preſens ou conſentans, la femme aura tel doüaire ſur tous leurs biens
apres leur mort que ſi ſon mary les euſt
ſurueſcu.

IIII.

Maiſtre Iean Filleul diſoit qu'aucun
doüaire n'eſtoit tenable quand il ſurpaſ-
ſoit la moitié du vaillãt de celuy qui doüe.

V.

Au coucher gaigne la femme ſon doüaire, ou pluſtoſt des lots de la benediction
nuptiale.

VI.

Iamais mary ne paya doüaire.

VII.

Toutes fois s'il eſtoit forbanny ou
confiſqué ou ſes heritages ſaiſis & vendus de ſon viuant, on ſe peut oppoſer.

VIII.

La doüairiere s'oppofant aux cries de l'heritage fur lequel elle a doüaire faict qu'on le doit vendre à la charge d'iceluy fans qu'elle foit tenuë en prendre l'eftimation.

IX.

Si ce n'eftoit vne maifon fife à Paris decretee pour rentes deuës fur icelle, felon l'ordonnance du Roy Charles feptiefme.

X.

Doüaire couftumier faifit.

XI.

Doüaire prefix ou conuenancé ne faififfoit point, & fe deuoit demander en iugement : Ce qui commençe à fe corriger quafi par tout.

XII.

Femme qui prend doüaire conuenancé fe priue du couftumier.

XIII.

Doüaire en meubles retourne aux hoirs

du mary apres le deceds de la femme : sinon qu'il foit accordé fans retour.

XIIII.

Iadis femme ne prenoit doüaire fur ce où elle auoit don où affignat.

XV.

Don naturel n'enpefche point le doüaire.

XVI.

Femme ne peut renoncer à fon doüaire non acquisfi elle n'en a efté recompenfee ailleurs : mais bien à doüaire ja efcheu.

XVII.

Doüaire couftumier ne laiffe d'eftre deu, ores que la femme n'ait rien apporté.

XVIII.

Doüairiere doit entretenir les lieux de toutes reparatiós viageres, qu'on dit d'entretenement, contribuer au ban & arriere-ban, & payer les autres charges & rentes foncieres ordinaires : mais non les cóftitucespendant le mariage : celles d'auparauant diminuans autant le doüaire.

XIX.

L'heritier du mary doit releuer l'heritage sur lequel la femme prend doüaire, & chacun d'eux y est condemnable pour letout, sauf son recours contre ses coheritiers.

XX.

Doüaires ont taisible hypotheque & nantissement.

XXI.

La veufue peut contraindre l'heritier luy bailler son doüaire à part, & l'heritier elle de le prendre.

XXII.

La doüairiere lottit, & l'heritier choisit.

XXIII.

Doüaire propre aux enfans est vne legitime coustumiere prise sur les biens de leur pere par le moyen & benefice de leur mere.

XXIV.

Lequel accroist aux enfans du maria-

ge quand l'vn d'eux decede du viuant du
pere.   XXV.

Mais s'il decedoit apres la mort du
pere, tous ſes enfans y ſuccederoient, ores
qu'ils ou aucuns d'eux fuſſent d'vn autre
lict, & à faute d'enfans les autres heritiers paternels.

XXVI.

Que ſi tous les enfans decedent auant
le pere, leur droict de doüaire eſt eſteint,

XXVII.

Pendant les vies du pere & des enfans,
nul d'eux ne le peut aliener ny hypothe-
quer au preiudice les vns des autres.

XXVIII.

En doüaire n'y a droict d'aiſneſſe.

XXIX.

Tout ce qui ſe compte en legitime, ſe
compte en douaire.

XXX.

On ne peut eſtre heritier & douairier.

XXXI.

Celuy des enfans qui ſe porte heritier

du pere faict part pour diminuer d'autant le douaire des autres, parce qu'en ce cas n'y a lieu d'accroissement.

XXXII.

Douaire sur douaire n'a lieu, de sorte que quand l'homme est marié plusieurs fois, le secód douaire n'est que du quart, & le troisiesme de la huictiesme partie des biens subiets à iceluy.

XXXIII.

Mais à mesure que les premiers finissent semble raisonnable que les autres s'augmentent selon leur ordre.

XXXIV.

S'augmentent aussi lesdits derniers douaires en ce qu'ils se prennent sur les acquests faicts pendant les premiers mariages, & depuis.

XXXV.

Le douaire qui est propre aux enfans ne se prescript encontr'eux du viuant de leur pere, & n'en commence la prescription que du iour de son deceds.

XXXVI.

Tant que la femme & les enfans viuent le douaire est en incertitude, & s'appelle douaire esgaré.

XXXVII.

La douairiere gaigne les fruicts si tost qu'ils sont perceus, & son heritier les perd si elle decede auparauant.

XXXVIII.

Femme qui forfait en son honneur perd son douaire, s'il y en a eu plainte par le mary. Autrement l'heritier n'est receuable d'en faire querelle.

XXXIX.

Femme se remariant, ne doit perdre son douaire.

De *Vourie*, *Main-Bournie*, *bail*, *garde*, *tutelle & curatelle.* TITRE IIII.

I.

BAil, garde, main-bour, gouuerneur, legitime, administrateur & regentant, sont quasi tout vn, combien que iadis, & encores en aucuns lieux garde se dit en ligne directe, & bail en collaterale.

II.

Les enfans sont en la vourie & main-bournie de leurs pere ou mere soient francs ou serfs, maieurs ou mineurs.

III.

Le mary est bail de sa femme.

IIII.

Il n'accepte garde, ny bail, qui ne veut.

V.

Tuteur & curateur n'est qu'vn.

VI.

Les tuteles sont datiues.

VII.

Toutesfois quant par le testament y a tuteur nommé, il doit estre confirmé, si les parens n'alleguent cause legitime que le deffunct eust vray-semblablement ignoré.

VIII.

Les baillies ou gardes sont coustumieres.

IX.

Le mineur n'a bail ny tutelle d'autruy.

X.

Gardiens & baillistres sont tenus faire visiter les lieux dont ils iouissent, à fin de les rendre en bon estat.

XI.

Qui bail ou garde prend, quitte le rend.

XII.

Par l'ancienne coustume de France les gardiens ou baillistres ny les nobles mineurs de vingt ans, & les non nobles de quatorze ne pouuoient intenter, ny estre contraincts de defendre en action peti-

toire de ce dont ils eſtoient ſaiſis, comme
heritiers. Ce qui fut corrigé par l'ordonnance du Roy Philippes de Valois, de
l'an 1330. en les pouruoyant à ceſte fin de
curateurs.

XIII.

Bail ſe reigle le plus ſouuent ſelon les
ſucceſſions, & ſe donne couſtumieremét
à ceux qui ſont plus proches du coſté
dont le fief vient.

XIV.

En vilainie, cotterie, ou roture, n'y a
bail.

XV.

En pareil degré l'aiſné ſera preferé aux
autres.

XVI.

Les bailliſtres qui entrent en foy en
leurs noms, la reçoiuent auſſi des vaſſaux
de leurs mineurs, & en prennent les rachapts.

XVII.

Garde doit rachapt & finance pour

les fiefs dont il faict les fruicts siens.

XVIII.

Relief de bail se paye toutesfois &
quantes qu'il y a nouueaux bailliftres.

XIX.

Tuteurs & curateurs n'entrent point
en foy, auffi ne doiuent ils point de rachapt, ains demandent fouffrance pour
leurs mineurs, laquelle leur doit eftre accordee: Mais peuuent receuoir l'homma
ge des vaffaux.

XX.

Bailliftres ny tuteurs ne reçoiuent adueu, & ne les baillent.

XXI.

Bail ou garde ne fe peut tranfporter à
autruy.

XXII.

Bail ou garde fe pert par mef-vfage,
ou quand le gardien fe remarie, & finit
par la maiorité ou deceds du mineur.

XXIII.

La maiorité en ce cas eft aux mafles à
quatorze.

quatorze, quinze, dix-huit, & vingt ans,
selon la diuersité des Coustumes: mais en
ce qui concerne l'alienation de l'immeuble, elle se doit prendre à vingt cinq ans.

XXIIII.

Si le baillistre rend la terre à son mineur auant son aage, ses hommes ne luy
feront point hommage s'ils ne veulent:
Comme aussi son seigneur ne l'y receura
point s'il ne luy plaist.

XXV.

Tuteurs & baillistres doiuent incon-
tinent faire inuentaire des meubles & tiltres des mineurs.

XXVI.

Inuentaires peuuent estre faicts à la
queste de ceux qui y pretendent interest.

XXVII.

Et par nos Coustumes se faisoient par
les Notaires & Tabellions, selon ce qui
est remarqué par Iean Faure.

C

De Compte. TIT. V.

I.

NVL ne reçoit la chofe d'autruy qu'il n'en doiue rendre compte.

I I.

Tuteurs & autres fubiects à compte, doiuent faire & recepte & defpenfe entiere, les iuftifier & payer le reliqua.

I I I.

En compte n'y a point de prouifion.

I I I I.

Qui compte feul, compte deux fois, comme celuy qui conte fans fon hofte.

V.

Comptes fe rendent aux defpens de l'oyant, mais le rendant les auance.

V I.

Vice ou erreur de calcul & de compte fe purge en tout temps, qui eft ce qu'on dict, A tout bon compte reuenir.

LIVRE II.

De la qualité & condition des choses.
TITRE I.

I.

TOvs biens font meubles ou immeubles.

II.

Immeubles font biens aleuds, amortis, feodaux, roturiers, tenus à droictures, cés & rentes foncieres, & conftituees, baux d'heritages à emphyteufe & longues années, ou à faculté de rachapt, vfufruict, douaire, & autres chofes qui rendent reuenu legitime.

III.

Or & argent monnoyé & à mónoyer, & tout ce qui fe peut tranfporter de lieu en autre, noms, raifons, & actions pour chofes mobiliaires font meubles.

Pagination incorrecte — date incorrecte

IIII.

Deniers deſtinez pour achapt, ou procedant de véte d heritage, ou de rachapts de rentes & r'employables, ſont reputez immeubles, meſmement en faueur de femmes contre leurs maris, & de mineurs contre leurs tuteurs.

V.

Fruiéts pendans par les racines ſont immeubles.

V I.

Toutesfois en beaucoup de lieux foins à coupper apres la my-May, bleds & autres grains apres la ſainét Iean, ou qu'ils ſont noüez, & raiſins à la my Septembre ſont reputez meubles.

V I I.

Poiſſons qui ſont en eſtangs apres trois ans, ou la bonde eſtant leuee ou mis en huches ſauuouërs ou reſeruouërs ſont meubles : autrement ſont reputez immeubles comme faiſans partie de l'eſtang.

VIII.

Ce qui tient à fer, plomb, cloud, ou cheuille, est reputé immeuble.

IX.

Grandes cuues, & autres gros vstanciles qui ne se peuuent des assembler ny transporter sans incommodité : moulins tournans à vent ou à eau sur basteaux, ou autrement : pressouërs & artilleries, sont tenus pour immeubles.

X.

Comme aussi sont les principales bagues & ioyaux, reliques & liures des maisons des Princes & hauts Barons.

XI.

Meubles ne tiennent cotte ny ligne.

XII.

Le meuble suit le corps, & l'immeuble le lieu où il est assis.

XIII.

Tous biens sont reputez acquests, s'il n'appert du contraire.

XIV.

L'acqueſt du pere eſt le propre de l'enfant.

XV.

L'heritage eſcheu par ſucceſſion, legs, ou donation ſortit nature de propre, quand l'heritier, ou donataire, deuoit ſucceder à celuy dont il procede.

XVI.

Heritage eſchangé eſt de pareille nature qu'eſtoit le contre-eſchange.

XVII.

Terre ſans hebergement n'eſt que de demie reuenuë. Et terre cheuauchee eſt à demy mangee.

XVIII.

Tenir en franc alleu eſt tenir de Dieu tant ſeulement, fors quant à la Iuſtice.

De Seigneurie & Iustice. TIT. II.

I.

Nvlle terre sans seigneur.

II.

Tous biens sont communs, & n'y a moyens que de les auoir : mais il faut qu'ils soient legitimes.

III.

Car tout fut à autruy & à autruy sera.

IIII.

Par la Coustume de France, le Roy & les autres Seigneurs du Royaume sont Seigneurs temporels des Eueschez, & non les Euesques.

V.

Les grands chemins & riuieres nauigables appartiennent au Roy.

VI.

Les petites riuieres & chemins sont aux seigneurs des terres, & les ruisseaux aux particuliers tenanciers.

VII.

La seigneurie des seigneurs s'estend iusques aux bords des grandes riuieres : & des sujects tenanciers iusques aux petites.

VIII.

Grosses riuieres ont pour le moins quatorze pieds de largeur, les petites sept, & les ruisseaux trois & demy.

IX.

La riuiere oste & donne au haut iusticier : mais motte ferme demeure au proprietaire tres-foncier.

X.

On ne peut tenir riuiere en garenne ou deffence, s'il n'y a tiltre ou prescription.

XI.

La garenne est de defence tant pour la chasse que pour le passage.

XII.

Isle est au seigneur haut iusticier en la iustice duquel elle est plus prés, eu égard au fil de l'eau.

XIII.

Nul ne peut baftir coulombier à pied, affeoir moulin, ny bonde d'eftang, ny fouiller en terre pour y tirer minieres, metaux, pierre ou plaftre, fans le congé de fon Seigneur, fi ce n'eft pour fon vfage.

XIV.

Terres qui font aux iffuës des villes, bourgs & villages, ne font defenfables fi elles ne font bouchees.

XV.

Car, Qui ferme ou bouche, empefche, garde, & defend : & pour neant plante qui ne cloft.

XVI.

Vignes, iardins & garennes font defenfables en tout temps.

XVII.

Bois taillis font defenfables iufques à quatre ans & vn May, & ceux qui en acheptent en doiuent faire la couppe dans le premier May, & la vuidange dans la

Magdelaine enfuiuant.

XVIII.

Prés font defenfables depuis la my-
Mars iufques à la Touffaincts, ou que le
foing foit du tout fenné & enleué.

XIX.

En nul temps on ne peut mener porcs
en pré.

XX.

Vaines paftures ont lieu de clocher à
clocher : mais les graffes n'appartiennent
qu'aux communiers de la parroiffe.

XXI.

Toutes accreuës font reputees vaines
paftures.

XXII.

Beftes blanches peuuent eftre menees
fi loing qu'on veut, pourueu qu'elles retournent de iour au gifte, en leur finaige.

XXIII.

Nul ne peut auoir droiçt d'vfage, ou
pafturage, en feigneurie ou haute Iuftice
d'autruy, fans tiltre, ou fans en payer re-

deuance par temps fuffifant, pour acquerir prefcription, ou qu'il y ait poffeffion
immemoriale.

XXIV.

Simple vfage en Foreft n'emporte que
mort bois, & bois mort.

XXV.

On ne peut tendre ny thefurer en autruy domaine.

XXVI.

Le feigneur de fief faifant conftruire
eftang ou garenne y peut enclorre les
terres de fes fubiets en les recompenfant
preallablement.

XXVII.

Bornes fe mettent par auctorité de Iuftice.

XXVIII.

Le pied faifit le chef.

XXIX.

Le bois acquiert le plain.

XXX.

Bois eft reputé haute fuftaye, quand

on a demeuré trente ans sans le coupper.

XXXI.

En moulins bannaux qui premier vient, premier engraine.

XXXII.

Mais apres auoir attendu vingt-quatre heures, qui ne peut à l'vn s'en aille à l'autre.

XXXIII.

La banlieuë est estimee à deux mille pas, chacun vallant cinq pieds : ou à six vingtscordes, chacune de sixvingts pieds.

XXXIV.

Droict de mousture est, que les muniers doiuent rendre du rez le comble, ou de douze, treze ou quatorze combles ou pallez.

XXXV.

Qui prend bestes en dommage, ne les peut retenir, ains les doit mener en Iustice dans vingt-quatre heures.

XXXVI.

Les disimes appartiennent aux Curez,

s'il n'y a tiltre ou poſſeſſion au contraire.

XXXVII.

Couſtumierement en diſmeries d'Egliſe n'y a point de ſuitte, mais bien en patrimoniales.

XXXVIII.

Diſmes layes infeudees ſont pures patrimoniales, & ſe gouuernent en tout & par tout comme fiefs.

XXXIX.

Terres & choſes decimales tenus en fief ne ſont non plus affranchies de diſmes ſpirituelles, que ſont les autres domaines.

XL.

La Iuſtice eſt patrimoniale.

XLI.

Tous ſieurs iuſticiers doiuent la iuſtice à leurs deſpens.

XLII.

Fief, reſſort, & iuſtice n'ont rien de commun enſemble.

XLIII.

Il y a iustice haute, moyenne, & basse.

XLIV.

Donner poids & mesures, tuteurs & curateurs, faire inuentaire & partages sont exploits de moyenne iustice.

XLV.

Pillorry, eschelle, quarquant, & peintures de champions combatans en l'Auditoire, sont marques de haute Iustice.

XLVI.

L'ancien coustumier porte que nul ne peut auoir Pillory en ville où le Roy en ait, mais seulement eschelle ou carquant.

XLVII.

Donner asseurement, ou congé d'ouurir terre en voye publique sont exploits de haute Iustice.

XLVIII.

Biens vacquans, terres hermes, & espaues appartiennent au haut iusticier.

XLIX.

Qui a fief, a droict de chasse.

L.

Le Roy applique à foy la fortune &
treuue d'or.

LI.

Quant aux autres trefors mucez d'ancienneté , le tiers en doit appartenir au
haut iufticier, le tiers au feigneur tres-foncier, & le tiers à celuy qui les a trouuez.

LII.

Mais fi le proprietaire du lieu les trou-
ue en fon fonds, il doit partir par moitié
auec le haut iufticier.

Des Seruitutes. Tit. III.

I.

EN villes tout mur eft metoyen s'il
n'appert du contraire.

II.

La marque du mur metoyen eft quand
il eft chapperonné , ou y a feneftre des
deux coftez.

III.

En mur moitoyen il est loisible d'auoir feneſtres ſur ſon voiſin, à verre, & fer dormans à neuf pieds de hauteur, du rez dechauſſee, & à ſept pieds des autres eſtages : mais auſſi eſt-il loiſible au voiſin les eſtoupper en ſe ſeruant du mur, & rembourſant ſon voiſin de la moitié d'iceluy, ſelon ſon heritage.

IIII.

En mur propre encore plus, & ſans que le voiſin le puiſſe eſtoupper, ny s'aider d'iceluy, mais peut baſtir contre, ſur ſon fonds.

V.

Vn voiſin peut contraindre l'autre de ſe clorre, en ville de murailles & autres cloiſons, iuſques à neuf pieds, & és villages de hayes viſues.

VI.

Si le voiſin n'y peut contribuer, il ſera quitte en baillant autant de ſa place que ſa part pourroit couſter, ou en renonçant

çant à la communauté du mur.

VII.

Le fossé appartient à celuy sur lequel est le reiect. Car qui douve a, si a fossé.

VIII.

La haye vifue, buisson, terre, ou borne estans entre pré & terre, vigne, ou bois sont reputez estre du pré, & non de la terre, vigne ou bois.

IX.

Si aucun a iardin ou terre labourable, estable, cheminee, ou aysances contre mur metoyen, il y doit faire contre-mur, & s'il y a four forge doit laisser demypied d'interualle vuide.

X.

Si vne maison est diuisee en telle sorte que l'vn ait le bas, & l'autre le haut, chacun est tenu d'entretenir ce qui est à foy.

XI.

Nul ne peut auoir entree, issue, glaçoir, éuier, esgoust, ou goustiere, sur son voisin, s'il n'a tiltre.

D

XII.

Deſtination de pere de famille vaut tiltre.

XIII.

S'il eſt beſoin de couurir vn toiꝛ́dòt l'eau doit tomber ſur ſon voiſin, il eſt auſſi tenu de bailler place pour le tour de l'eſchelle.

XIV.

Nul ne peut faire goutiere ſur ruë plus bas que de vingt-deux pieds & de-my.

XV.

Ceux qui baſtiſſent aux villes peuuét tenir leurs materiaux deuant leurs mai-ſons, pourueu qu'ils laiſſent eſpace d'vn coſté de la ruë pour y paſſer les chariots.

XVI.

Si quelques terres ſonꝛ tellement en-clauees dans celles d'autruy, qu'on ny puiſſe entrer ſans paſſer dedans, on le peut faire ſans aucun dommage.

Des Teſtamens & executions d'iceux.
TILTRE IV.

I.

ENTRE teſtament & codicile n'y a point de difference.

II.

Vn Curé ou ſon Vicaire general peut receuoir teſtament, en preſence de deux teſmoings : mais il faut qu'il ſoit ſigné du teſtateur & deſdits teſmoings, ou qu'il ſoit fait mention qu'ils ne ſçauent ou peuuent ſigner.

III.

Il faut teſter ſelon les formes du lieu où l'on teſte : Mais les diſpoſitions prennent leur force par les Couſtumes des lieux où les choſes ſont.

IV.

Car les Couſtumes ſont reelles.

V.

Inſtitution d'heritier n'a point de lieu.

V I.

L'on ne fait pas heritier par testament qui qu'on veut de ses propres: mais bien de ses meubles & acquests.

V I I.

Quand il est permis de disposer d'vne portion de ses biens, l'on la peut toute assigner sur vne seule piece.

V I I I.

Peré & mere, ou l'vn d'eux, peuuent de leur viuant partir leurs biens entre leurs enfans leur légitime sauue, & est ceste disposition reputee testamentaire & reuocable, sinon que la donation eust esté effectuee & parfaicte.

I X.

Toutesfois institution par paction ou récognoissance d'heritier simple ou mutuelle, & donation particuliere par contract de mariage vaut par la loy Saliquo des François, & ne se peut reuoquer.

X.

Recognoissance generale du princi-

pal heritier n'empefche qu'on ne puiffe
s'ayder de fon bien: ains feulemét qu'on
aduantage vn autre au prejudice du
marié, des biens qu'on auoit lors.

XI.

L'on ne peut faire rappel à fucceffion, au profit de celuy qui en eft exclus,
que iufques à la concurrence de ce dont
on peut difpofer par teftament.

XII.

En fucceffion directe on ne peut eftre
heritier & legataire, aumofnier perfon-
nier, mais bien donataire, & heritier en
ligne collaterale.

XIII.

Les legataires doiuent eftre faifis par
l'heritier, ou par les executeurs tefta-
mentaires, quand les laigs font immobiliaires, & s'en peuuent auffi les executeurs payer par leurs mains.

XIV.

Legataires vniuerfels font tenus pour
heritiers.

XV.

Executeurs de testaments, inuentaire preallablement faict sont saisis par
an & iour des biens & meubles du testateur, pour l'accomplissement de son testament, payement des laigs mobiliaires, acquit de ses debtes & forfaicts, & si
les meubles ne suffisent, leur sera permis
par la Iustice vendre quelque immeuble.

XVI.

L'an & iour de leur execution expirez doiuent rendre compte, auquel ils
peuuent employer leur salaire, qui leur
sera taxé raisonnablement.

XVII.

La cognoissance des executions testamentaires appartient aux Iuges laiz,
& par preuention aux Royaux,

DE SVCCESSIONS
& hoiries. TIT. V.

I.

LE mort faifit le vif fon plus prochain heritier habile à luy fucceder.

I I.

Il n'eft heritier qui ne veut.

I I I.

Mais qui prend des biens de fucceffion, iufques à la valeur de cinq fols, fait
acte d'heritier.

I V.

L'heritier fimple exclut l'heritier par
benefice d'inuentaire. Ce qu'on ref-
traint aux collateraux.

V.

Iadis reprefentation n'auoit point de
lieu : Maintenant elle eft receuë quafi
par tout en ligne directe : & par beaucoup de couftumes en la collaterale iuf-

ques aux enfans des freres.

VI.

Où repreſentation a lieu infiniment, ce qui eſchet au pere, eſchet au fils.

VII.

Ce qu'on a dict, Tant que le tige a ſouche, elle ne ſe fourche; eſt ce pas, Tant que la ligne directe dure, la collaterale n'a point de lieu?

VIII.

En ſucceſſion tant directe que collaterale dedans les termes de repreſentation on ſuccede par lignes, & hors les termes de repreſentation par teſtes.

IX.

Maiſtre Alin Chartier dict, que par vſage & Couſtume gardée de tout téps en ce Royaume, toutesfois & quantes que femme eſt debout ee d'aucune ſucceſſion, cômme de fief noble, les fils qui en viennent & deſcendent en ſont auſſi forclos.

X.

Au Royaume & Baronnies tenans

d'iceluy , repreſentation a lieu en ſucceſſions tant directes que collaterales.

XI.

Les heritiers ſont tenus des faicts &
obligations du deffunct perſonnelle-
ment chacun pour ſa part, & hypothecairement pour le tout.

XII.

Les François, comme gens de guerre, ont receu diuers patrimoines, & plu-
ſieurs ſortes d'heritiers d'vne ſeule perſonne. ## XIII.

Et lors les debtes ſe payent au feur de
ce que chacun en amende, ſi ce n'eſt és
lieux où celuy qui prend les meubles &
acqueſts paye les debtes , les propres demeurans francs & quittes aux parens lignagers: qui eſtoit l'ancienne couſtume
de la pluſpart du Royaume.

XIV.

Les lais & frais funeraux ne ſont
point reputez debtes du deffunct, ains
de l'heritier.

XV.
Les propres ne remontent point,
mais retournent aux plus prochains parens du costé dont ils sont venus au deffunct, qui est ce qu'on dict, *paterna pa-*
ternis, *materna maternis*.

XVI.
Toutesfois ce qui est donné aux enfans par leurs pere ou mere leur retourne, quand il n'y a point d'enfans des do-
nataires.

XVII.
Les ascendans succedent aussi aux
meubles & acquests de leurs enfans: autrement ils vont aux plus prochains parens du deffunct.

XVIII.
Par la pluspart des Coustumes les parens conioincts d'vn seul costé succedent auecques ceux qui sont conioincts
de double ligne, suiuant les aduis de
maistres Iean le Coq, Pierre le Sec, &
autres anciens Sages sur ce ouys par
tourbe.

XIX.

L'oncle ſuccede au nepueu auant le couſin germain.

XX.

L'oncle & le nepueu ſont en pareil degré, & ſuccedent également où il n'y a point de repreſentation. Car autrement le nepueu repreſentant, ſon pere exclurroit l'oncle du deffunct.

XXI.

Repreſentation accordee en ligne collateralle ne profite qu'à celuy en faueur duquel elle eſt faicte: mais en ligne directe, s'eſtend iuſques à tous ceux qui ſe trouuent en pareil degré.

XXII.

Entre nobles le ſuruiuant ſans enfans gaigne quaſi par tout les meubles

XXIII.

Autrement la femme ne ſuccede point au mary, ny le mary à la femme.

XXIV.

Fille maieur ou mineur, noble ou ro-

turiere, mariee par pere ou mere, ayant
renoncé à leur succeſſion à eſcheoir, n'y
peut retourner ſi elle n'y eſt r'appellee,
pourueu qu'elle ayt eu ſa legitime : &
tient-on plus communement que ceſte
legitime ſe doit conſiderer ſelon ce qu'il
y auoit de biens lors du mariage, & non
du deceds de celuy qui a doté. Ce que les
Lombards & autres ont emprunté de la
loy Salique ou Françoiſe.

X X V.

L'on a dict autresfois qu'où ramage
defaut, lignage ſuccede ; maintenant la
ligne defaillant d'vn coſté, les pere & mere, & autres aſcendans ſuccedent : puis
l'autre ligne : & à faute de tous parens, le
ſeigneur haut iuſticier.

X X V I,

Par la Couſtume de France, Capitulaires, & Ordonnances du Roy Charles ſixieſme, de l'an mil cinq cens quatre vingts ſix, les Eccleſiaſtiques ſuccedent à leurs parens, & leurs parens à

eux, & peuuent diſpoſer de leurs biens tout ainſi que les lays, jaçoit qu'ils leur ſoient aduenus ou accreus du reuenu de leurs benefices.

XXVII.

Et meſmement aux Eueſques, ores qu'ils euſſent autresfois eſté Religieux.

XXVIII.

Car autrement les Religieux ne ſuccedent point, ny le Monaſtere pour eux : & ſi ne peuuent de rien diſpoſer.

XXIX.

L'habit ne fait point le Moine, mais la profeſſion.

XXX.

Bannis à perpetuité, ny condamnez aux galeres, ne ſuccedent.

XXXI.

Le haut Iuſticier ſuccede à ſon ſubiect par faute de parens, comme le Roy aux Aubains.

Des Partages & Rapports.

TILTRE VI.

I.

QVi demande partage fait les lots:
Et couſtumierement l'aiſné lottit, & le puiſné choiſit.

II.

Enfans aduantagez de pere & mere
doiuent rapporter ce qui leur a eſté donné en mariage, ou autrement, moitié en
vne ſucceſſion, moitié en l'autre, enſemble les fruicts perceus depuis la ſucceſſion eſcheüe, ou moins prendre à la raiſon de la priſee qui en fut faite, ou les reparations vtiles & neceſſaires touſiours
deduites, ou deſcomptees, ou de ce qu'ils
en auroient eu ſans fraude.

III.

Nourriture, & entretenement aux ar-

mes, escholes, apprentissage de mestier,
ou faict de marchandise, despense, ny
don de nopces en meubles ne sont subiects à rapport.

IIII.

Le fils renonçant à la succession du
pere & venant à celle de son ayeul, y
doit rapporter tout ce qui auoit esté
donné ou presté à son pere.

V.

Mais la fille ayant renoncé à la communauté ne doit rapporter ce qui fut
presté par son pere à son mary.

VI.

Rapport n'a lieu en ligne collaterale,
s'il n'est dict.

LIVRE III.

De Conuentions, Contracts, & Obligations.
TITRE I.

I.

CONVENANCES vainquent loy.

II.

On lie les bœufs par les cornes, & les hommes par les paroles, & autant vaut vne simple promesse ou conuenance, que les stipulations de droict Romain.

III.

Il n'y a au marché que ce qu'on y met.

IIII.

C'est pourquoy vn ancien coustumier dict, que Quand mise ou arbitrage est mis sur deux qui ne se peuuent accorder, ils ne peuuent prendre vn tiers s'il ne fut mis en la mise. Ce qui est pris
du

du droict Ciuil.

V.

Toute debte peut l'en quitter.

VI.

Toutesfois de larrecin ou d'iniures dont il y a claim & plait l'on n'en peut accorder sans iustice.

VII.

Celuy qui auant quitte, se mes-faict,

VIII.

Qui prend obligation, ou donne terme, en debte priuilegiee, la faict commune.

IX.

Generale renonciation ne vaut.

X.

Simple transport ne saisit point.

XI.

I'ay tousiours esté d'aduis, & suis encores, Que qui promet fournir & faire valoir, s'oblige en son nom, & sans discussion : quoy qu'il ait esté iugé au contraire.

E

XII.

Quand deux s'obligent ensemblement l'vn pour l'autre, & vn chacun d'eux seul pour le tout, ils renoncent en effect au benefice de diuision & discussion.

XIII.

Le &-cætera des Notaires, ne sert qu'à ce qui est de l'ordinaire des contracts.

XIV.

L'Entente est au diseur.

XV.

Il ne faict plaisir qui ne veut.

De Mandemens, Procureurs, & entremetteurs. TILT. II.

I.

ASsez faict qui faict faire.

II.

Qui outre-passe sa charge chet en desaueu.

I I I.

Meſſire Pierre de Fontaine remarque, Que noſtre vſage ne ſouffroit pas que Procureur quiere heritage à autruy, mais qu'il retient ce qu'on luy a baillé à garder.

I V.

Iadis auſſi nul de pays couſtumier n'eſtoit receu à faire demande par Procureur en la Cour du Roy ſans ſes lettres de grace, ſi ce n'eſtoit pour Prelat, communauté d'Egliſes, ou des villes, ou pour defendre ſa cauſe.

V.

Ce qui n'auoit lieu en pays de Droict Eſcrit, ny en Cour de Chreſtienté, & ce tant en matiere ciuile que criminelle.

V I.

Qui ſ'entremet doit acheuer.

De Communauté, Compagnie, ou focieté, & principalement entre le mary & la femme. TILTRE III.

I.

COMMVNAVTE' n'a lieu fi elle n'eſt conuenuë par exprez, ou fi la loy ou couſtume ne l'ordonnent, quelque demeure qu'on face enſemble.

II.

Qui a compagnon a maiſtre, & principalement quand c'eſt le Roy.

III.

De bien commun on ne faiɔt pas monceau.

IIII.

Qui demande partage doit faire les lots.

V.

Il faut contribuer à la refection de ce qui eſt commun, ou y renonce.

VI.

Si l'vn des deux ayant chofe commune fen fert, il n'eft tenu d'en faire profit
à l'autre, f'il n'auoit efté fommé & refufant de faire partage.

VII.

Qui efpoufe la femme efpoufe les
debtes.

VIII.

Mary & femme font communs en tous
biens, meubles, & conquefts immeubles, au lieu que jadis elle n'y prenoit
qu'vn tiers.

IX.

Laquelle communauté eft continuee
entre le furuiuant, ne faifant inuentaire,
& fes enfans mineurs.

X.

Et quand le furuiuant fe remarie, la
communauté eft continuee par tiers entre luy, fa feconde femme n'ayant enfans, & fefdits enfans, & par quart fi la
feconde femme auoit enfans, & qu'elle

n'euſt non plus faict inuentaire ny partage auecques eux. Et ainſi des autres
mariages.

XI.

Si le ſuruiuant mariant l'vn de ſes enfans luy donne mariage aduenant, ceſte communauté ſe diſſoult pour ſon
regard.

XII.

Si aucun des enfans continuant la cómunauté, decede pendant icelle: les ſur-
uiuans y prendront telle part que fils
eſtoient tous viuans.

XIII.

Le tout ſi bon ſemble auſdits enfans
mineurs: autrement ils peuuent reprendre leurs droicts.

XIV.

Mary ou femme ayant melioré leur
propre, ou révny quelque choſe à leur
fief & domaine, ou faict quelque acte
qui regarde le ſeul proffit de l'vn d'eux,
ſont tenus d'en rendre le my-denier.

XV.

Quand l'on rachepte quelque rente, dót l'heritage de l'vn ou de l'autre eſtoit chargé, elle eſt confuſe tant que le mariage dure : mais iceluy diſſolu la moitié de la rente ſe reprend ſur le meſme heritage.

XVI.

Toutes donations, laigs, & ſucceſſiós eſcheuës pendant le mariage, entrent en communauté, ſinon que ce fut heritage donné ou laiſſé par celuy auquel on deuoit ſucceder.

XVII.

Si quelques deniers ont eſté baillez au mary, à la charge de les employer en heritages propres, & ne l'a faict: la femme ou ſes heritiers renonceans à la communauté les reprendront ſur ladite cómunauté : ſinon ſur les propres du mary decedé, & ſans confuſion, comme tenoit Maiſtre Matthieu Chartier, l'oracle du Palais. Ce qui n'a lieu quãd la femme prend communauté : d'autant qu'en ce faisant elle prendroit deux fois.   XVIII.

Femme separee de biens les peut administrer sans l'auctorité de son mary, mais non les aliener.

XIX.

Le droict de pouuoir renoncer à la communauté passe à l'heritier.

XX.

Femme qui recele ou destourne n'est plus receuable à renoncer : ains est reputee commune.

XXI.

Femme renonçant à la communauté pert le don mutuel qu'elle pourroit auoir, reprent ses propres, & acquests que elle auoit auant son mariage, auec ses bons habits. Ce faisant est deschargee de toutes debtes, esquelles elle ne s'est obligee en son nom.

XXII.

Femme veufue prend part à la repa-

ration ciuile, adiugee pour la mort de
son mary, ores qu'elle renonce à la communauté, comme aussi faict l'enfant
ores qu'il ne fust son heritier, & sans
charge de debtes.

XXIII.

L'on ne se peut assembler pour faire
corps de communauté, sans congé &
lettres du Roy.

XXIIII.

Si le mur commun d'vn voisin penche demy-pied sur l'autre, il peut estre
contrainct de le refaire.

De Vente.　Tiltre IV.

I.

QVi vend dict le mot.

II.

Il y a plus de fols achepteurs que de
fols vendeurs.

III.

Iamais bon marché ne fut net.

IIII.

Il n'est pas marchand qui tousiours gaigne.

V.

Tant vaut la chose qu'elle se peut vendre.

VI.

L'on n'a pas plustot vendu la chose qu'on n'y a plus rien.

VII.

Deliurance de meuble vendu presuppose payement.

VIII.

Quand le vendeur recognoist la vente, mais dict que ce fut par force, garantir luy conuient, & puis apres plaider de la force s'il luy plaist.

IX.

En chose venduë par decret, euiction n'a point de lieu.

X.

En vente faicte par decret, ne chet rescision pour deception d'outre moitié de iufte prix.

XI.

Ny en vente de fucceffion ou droicts vniuerfels, ny en baux à ferme, ny en meubles par couftume generale de la France.

XII.

De tous marchez on en vuide par intereft.

XIII.

Vin de marché n'entre point en cópte du prix, pour en prendre droicts de ventes : finon qu'il fuft fort exceffif.

XIV.

Il ne prend couretier qui ne veut.

XV.

Courretiers font tenus rendre la marchandife ou le prix, par prife & detention de leurs perfonnes.

XVI.

Vn vendeur de cheuaux n'eft tenu de leurs vices, fors de morue, pouffe, corbes & courbatures : finon qu'il les ait

vendus fains & nets, auquel cas il eſt tenu de tous vices. iuſques apres huiĉt
iours de la deliurance faiĉte.

XVII.

Langayeurs ſont tenus reprendre
les porcs qui ſe trouuent mezeaux en la
langue. Et s'il y auoit rien en la langue,
& neantmoins ſe trouuent mezeaux dãs
le corps, le vendeur eſt tenu en rendre le
prix, ſinon que tout vn trouppeau fuſt
vendu en gros.

XVIII.

En meubles, la meſure ſ'en doit faire
ſelon le lieu où la vente ſe faiĉt : en immeubles, ſelon le lieu de leur ſituation.

XIX.

En vente faiĉte à faculté de rachap les
droits ſont deus au ſeigneur ou fermier
du iour de la vente, & non de la faculté
expiree.

DES RETRAICTS.
TILTRE V.

I.

IL y a trois sortes de retraicts: conuentionnel , lignager , & seigneurial : & en quelques lieux vn quatriesme a droit de bien-seance, & communauté.

II.

Le seigneurial est censuel ou feudal, & s'appelle coustumierement droict de retenuë.

III.

Le feudal a lieu par tout le Royaume, le censuel en quelques coustumes seulement.

IV.

Le Seigneur n'a retenuë sur le lignager , ains retraict lignager est preferé au seigneurial, & le conuentionel à tous autres.

V.

Si le lignager retraict fur le feigneur, il luy payera fes droicts.

VI.

Mais le retraict lignager ne dure que vn an apres l'enfaifinement, fans qu'on foit tenu rien faire fignifier : le feigneurial trente ans, fi on ne faict fçauoir lé contract.

VII.

Retraict feigneurial & conuentionel eft ceffible : le lignager non, fi ce n'eft à vn lignager.

VIII.

Retraict feigneurial a lieu tant en propres qu'en acquefts, le lignager couftumierement en propres feulement. Qui eft-ce qu'on dit, Qu'en conqueft ne gift retraict.

IX.

Lignager fur lignager n'a droict de retenuë.

X.

Le lignager qui preuient exclut le plus

prochain, fors és lieux où l'on peut venir entre la bourſe & les deniers.

XI.

Le Roy n'a droiƈt de retraiƈt ſeigneu-
rial : auſſi n'en peut-on vſer contre luy :
mais bien a retenuë par droiƈt de bien-
ſeance.

XII.

L'Egliſe a droiƈt de retenuë : mais il
faut qu'elle le cede, ou en vuide ſes
mains dans l'an & iour.

XIII.

Diſme infeudee acquiſe par l'Egliſe
n'eſt ſubieƈte à retraiƈt.

XIV.

Cil ne requiert pas ſuffiſamment les
choſes à retraiƈt qui à Cour aduenant
ne le requiert.

XV.

Il eſt au choix du retrayant faire ad-
iourner l'acquereur pardeuant le Iuge
de la perſonne, ou de la ſituation de la
choſe venduë.

XVI.

Congé de Cour contre le retrayant auant contestation, emporte gain de cause.

XVII.

Defaut de fournir par le retrayant à ce qu'il est tenu par les coustumes le faict dechoir du retraict.

XVIII.

Qui ne seroit habile à succeder, ne peut à retraict aspirer.

XIX.

Bastards ne sont receus à retraict.

XX.

Le fils peut retraire l'heritage vendu par son pere.

XXI.

Voire quand il n'auroit esté ny né, ny conceu lors de la vente.

XXII.

Retrait accordé volontairement sans iugement est reputé vendition.

XXIII.

Retrait n'a lieu en vsufruit, ny en meubles

bles s'ils ne font fort precieux, & des grandes maifons.

XXIV.

En efchange d'immeubles, donation foit fimple ou remuneratoire, fieffe & bail à rente non racheptable, & fans bourfe deflier, retraict n'a lieu.

XXV.

Mais en emphyteofe & rentes foncieres venduës, y a retraict, & non en rente racheptable.

XXVI.

L'efchange eft reputé frauduleux quand l'vn des contractans fe retrouue iouyffant dans an & iour de la chofe qu'il auoit baillee en contrefchange.

XXVII.

En rentes foncieres venduës feroit-il pas raifonnable preferer les debteurs d'icelles, fuiuant quelques Couftumes.

XXVIII.

Biens confifquez vendus, ne font fubiects à retraict.

F

XXIX.

Tant que celuy qui n'est en ligne a des enfans qui sont en ligne, retraict n'a lieu.

XXX.

Voire la seule esperance d'auoir des enfans, par le lien de mariage conserue le droict de la ligne.

XXXI.

Mais tous les enfans estans decedez, & d'esperance faillie il y a lieu de retraict dans l'an & iour du dernier decedé.

XXXII.

Heritages vendus par decret sont subiects à retraict, dans l'an de l'adiudication.

XXXIII.

Heritage, retraict reuendu, & subiect à retraict.

XXXIV.

L'on ne peut faire conuenance au preiudice de retraict lignager.

XXXV.

Retraict lignager ne se recognoist à uartier.

XXXVI.

Et pource quand plusieurs heritages
sont vendus par vn mesme contract, &
par vn mesme prix, desquels les vns sont
subiects à retraict, les autres non, il est au
choix de l'acquereur de delaisser le tout,
ou ceux de la ligne seulement.

XXXVII.

Mais le seigneur n'est contraignable
prendre ce qui n'est de son fief.

XXXVIII.

Le retrayant n'est tenu payer que le
prix, frais & loyaux cousts de la premiere
vente, ores que la chose ait marché en
beaucoup d'autres mains pendant l'an &
iour du retraict.

XXXIX.

Loyaux cousts sont entendus, frais de
lettres, labourages, semences, façons &
reparations necessaires.

XL.

Pendant le temps du retraict l'acquereur ne peut alterer les choses au preiudi-

ce du proëfme.

XLI.

L'an du retraict ne court que du iour de la faifie en roture : ou en fief, du iour de la reception en foy.

XLII.

Le feigneurial plus coutumierement court quarante iours apres le contract exhibé.

XLIII.

La faculté de rachapt n'empefche point le cours du temps du retraict.

XLIV.

Le feigneur feudal ou cenfuel qui a receu les droicts feigneuriaux, cheuy & compofé, ou baillé fouffrance d'iceux, ne peut vfer de retraict.

XLV.

Mais il en eft exclus pour auoir receu les cens, rentes ou autres redeuances an-nuelles.

XLVI.

Par couftume generale du Royaume,

le temps des retraicts lignagers & feudal
court contre les mineurs, absens, croisez,
furieux, bannis, & tous autres, sans esperance de restitution, contre ce qu'on tient
en droict escrit.

XLVII.

Es vingt quatre heures de l'execution
du retraict la nuict & le iour se cōtinuent.

XLVIII.

Tout heritage retenu par puissance de
seigneurie est reputé reüny à iceluy , s'il
n y a declaration au contraire.

XLIX.

Les fruicts sont deus au retrayant du
iour de l'adiournement & offres bien &
deuëment faictes, ores qu'il n'y ait con-
signation.   L.

En matiere de retraict , & quasi touf-
jours le iour s'entend depuis le Soleil leué
iusques au couché.   LI.

Si le lignager estant recogneu à retraict
est en demeure de l'executer dans le
temps, il en dechet.

F iii

De Louage.   TILTRE. VI.

I.

VENDVE ou achapt paſſe loüage.
II
Celuy qui ſert & ne parſert, ſon loyer
pert.   III.

Il n'y a point de raiſon en ce qui ſe
dict, que Mort & mariage rompent tout
loüage, ſi on ne l'entend de ceux qui
meurent ou ſe marient pendant le temps
du loüage de leurs perſonnes: C'eſt pourquoy quelques vns dient qu'il y a au prouerbe que Mort & mariage rompent
tout liaige.

IV.
Le locataire doit eſtre tenu clos &
couuert.

V.
Le proprietaire peut contraindre ſon

hofte de garnir fa maifon de meubles
exploitables pour feureté de fon loüage:
Et à faute de ce, l'en peut faire fortir.

VI.

Il eft permis au proprietaire faire faifir
& fuiure les biens meubles de fon hofte,
pour les termes qui font deüs, encores
qu'il ne foit ny obligé ny condamné.

VII.

Les grains & biens meubles d'vn fermier & locataire font taifiblement obli-
gez pour les moifons & loyers du proprietaire.

VIII.

Les proprietaires font preferez à tous
autres creanciers pour les moifons & lo-
yeurs de l'annee courant.

IX.

Le locataire peut vfer de retention de
fes loüages pour reparations neceffaires
par luy faictes du confentement du proprietaire, ou apres fommation prece-
dente.

X.

Qui iouyt & exploicte vn heritage apres le terme finy, sans aucune denonciation, peut iouyr vn an apres à pareil prix que deuant.

XI.

Le temps du loüage finy le locataire a huict iours pour vuider: apres lesquels il y est contrainct par execution & mise de ses meubles sur les carreaux.

De Gages & Hipotheques. TITRE VII.

I.

IL y a deux sortes de gage; vif & mort.

II.

Vif-gage est qui s'acquitte de ses issuës, Mort-gage qui de rien ne s'acquitte.

III.

Mort-gage n'a coustumierement lieu qu'en deux cas: en mariages de maisnés,

ou de filles, ou pour don & aumosne
d'Eglises.

I I I I.

Pleige, plaide, gage, rend, & bailler
caution est occasions de double procez.

V.

Meubles n'ont point de suitte par hy-
pothecque quand ils sont hors de la possession du debteur.

V I.

Toutesfois si le meuble saisi n'estoit
payé par le debteur, & qu'il fut saisi par
celuy qui le luy auoit vendu, il y auroit
lieu de suitte, & preference.

V I I.

Et pareillement au profit du creancier,
si le saisi le vendoit depuis son execution.

V I I I.

Item celuy qui tient le gage, a hypotheque priuilegée sur iceluy auant tous
autres. Et si ne peut le debteur demander
respit contre celuy, par l'Ordonnance
du Roy Philippes Auguste.

IX.

Bourſe, ou argent n'a point de ſuitte.

X.

Les premiers vont deuant.

XI.

Scedule priuee recogneuë en iugement ou pardeuant Notaires emporte hypotheque du iour de la recognoiſſance ou de la negation d'icelle en iuſtice, apres qu'elle a eſté verifiee.

XII.

Et neantmoins en ſeparations de biens les creanciers chirographaires du defunct ſont preferez à tous les creanciers de ſon heritier.

XIII.

Contracts paſſez ſous ſeel de Cour laye engendrent hypotheque.

XIV.

Contracts paſſez en Cour d'Egliſe n'emportent point d'hypotheque.

XV

Les mineurs & les femmes ont hypo-

theque taifible & priuilegee fur les biens
de leurs tuteurs & maris du iour de la tu-
tele, & contract de mariage.

XVI.

Es cas efquels y a hypotheque taifible.
les realifations, nantiffements, & faifines
introduictes par aucunes couftumes ne
font point requifes.

XVII.

Hypotheque ne fe diuife point.

XVIII.

Quand l'action perfonnelle concurre
auec l'hypothecaire, celuy des heritiers
qui ne feroit tenu que pour fa part per-
fonnellement, eft tenu hypothecairement
pour le tout.

XIX.

I'ay toufiours tenu & tiens encores
pour reigle ce que i'ay appris de M. Charles du Moulin, Qu'en fpeciale hypotheque n'y a point de difcution, quoy qu'il
ayt efté iugé au contraire par quelques
Arrefts modernes.

XX.

En faict d'hypotheque, pour cens, ou rentes, il faut payer ou quitter

XXI.

Generale hypotheque de tous biens comprend les presens & à venir, & non ceux des hoirs.

XXII.

Par l'Edict de Moulin hypotheque a lieu sur les biens du condamné, du iour de la sentence confirmee par Arrest.

LIVRE IV.

DES RENTES. TITRE I.

I.

ON met sa terre en gaignage par baux à rente, cens, ou fief.

II.

Les rentes sont reelles & immobiliaires, les arrerages personnels & mobiliaires.

III.

En succession ou partage de rentes constituees sur particuliers, on regarde le domicile de celuy auquel elles appartiennent : En celles du Roy la ville sur laquelle elles sont assignees.

I V.

Le prix de la rente constituee estoit au denier douze par l'Ordonnance du Roy Charles septiesme, de l'an 1441. reductibles racheptables à ce prix, & s'il n'apparoissoit du contraire.

V.

Maintenant par l'Ordonnance du Roy Henry quatriesme, elles sont reduites au denier seze.

VI.

Toute rente constituee en grain ou autre espece est reductible à argent selon le prix qu'elle a esté venduë par l'Ordonnance de l'an mil cinq cens soixante-cinq.

VII.

Rentes conftituees à deniers, font ra-
chetables à toufiours.

VIII.

Mais faculté de rachapt de rentes procedans de bail d'heritages, fe prefcrit par
trente ans.

IX.

Si la rente eftoit conftituee au denier
dix, elle feroit reduifible, fi au deffoubs
du dernier dix, vfuraire.

X.

Rentes foncieres fur heritages deuës
aux Ecclefiaftiques ne font racheptablet,
ores qu'elles fuffent deuës fur maifons de
villes, mefmes de Paris ; les Ordonnances des Roys François I. & de Henry II.
ayans pour ce regard efté reuoquees par
celle du Roy Charles IX. fuiuie & confirmee par les Arrefts.

XI.

Vente d'heritages à faculté de rachapt
à vil prix, duquel l'acquereur reçoit pro-

fit ou rente, à la raison de l'Ordonnance
par bail à ferme par luy faict à son vendeur, est reduicte à rente racheptable. Et
si tel contract estoit faict par gens qui
fussent coustumieres d'vsurer, il seroit reputé vsuraire.

XII.

De rentes constituees on ne peut demander que cinq annees d'arrerages, par
l'Edict du Roy Louys XII.

XIII.

Rentes infeudees non racheptables
sont reputees feudales : toutes les autres
sont roturieres, ores qu'elles y soient venduës & constituees sur fief.

XIV.

Tous detenteurs, proprietaires & pos-
sesseurs d'heritages chargez de rentes sót
tenus personnellement & hypothequairement payer les arrerages de leur temps,
& les precedens hypothequairement. Ce
qu'ayant esté premierement introduit
pour rentes foncieres, & realisees ou nan-

ties, a esté depuis estendu aux rentes constituees & racheptables. Et par aduanture mal à propos.

XV.

L'effect de l'obligation personnelle
est que le detenteur en peut estre executé
en tous ses biens : & de l'hypothecaire,
que l'heritage obligé peut estre saisy &
adiugé sans qu'il soit besoin discuter ceux
du principal obligé.

XVI.

Neantmoins les detenteurs s'en peuuent descharger en deguerpissant , voire
mesmes les preneurs à rente , & leurs
hoirs : sinon qu'il y eust promesse de
fournir & faire valoir.

XVII.

Tout deguerpissement se doit faire
en iustice.

XVIII.

Le preneur ou son heritier qui deguer-
pit, doit payer les arrerages passez, l'annee courante , & vn terme de plus.

XIX Le

XIX.

Le tiers detenteur deguerpissant apres contestation, est quitte en rendant tous les fruicts qu'il a perceus, & apres iugement en payant les arrerages escheus de son temps.

XX.

Les seigneurs censiers & rentiers peuuent proceder par saisie sur les heritages subiects à cens & rentes, laquelle tient pour les trois dernieres annees pretenduës & affermees par le seigneur non obstant opposition, tant suiuant l Ordonnance de Charles IX. de l'an 1563. que plusieurs coustumes anciennes & modernes.

XXI.

Toutes rentes sont requerables s'il n'est autrement conuenu.

XXII.

L'adiournement faict contre l'vn des detenteurs poursuiuy pour le tout, sert d'interruption contre les autres.

G.

XXIII.

Celuy qui doit rente fonciere ou autre droict seigneurial pour raison d'aucun heritage, en doit faire veuë oculaire à son seigneur vne fois en sa vie : ou luy assigner sa rente sur heritage valable, & luy fournir de declaration.

XXIV.

Le seigneur n'est tenu faire veuë à son rentier foncier ou censier.

XXV.

Rentes sont indiuisibles.

De Cens & Champarts. TILTRE. II.

I.

LE cens est diuisible.

II.

Le cens n'est requerable, ains rendable & portable.

III.

Droicts de cens, & du premier fonds

de terre deus au seigneur direct, ne se
perdent, ny par le temps, ny par decret.

I V.

Cens sur cens n'a point de lieu.

V.

Lots & ventes appartiennent à celuy
qui a la seigneurie la plus proche du
fonds.

V I.

En ventes d'heritages tenus à cens,
soyent pures & simples ou à faculté de
rachapt par decret, ou autrement, & en
baux à rente racheptable, sont deuz lots
& ventes, deslors du contract.

V I I.

Le proprietaire ne peut tellement em-
pirer l'heritage redeuable de cens, qu'il
ne s'y puisse perceuoir.

V I I I.

Mais non du contract du rachapt, suiuant la faculté accordee.

I X.

Pour rentes foncieres non rachepta-

bles volontairement venduës ou delaiſ-
ſees par rachapt, ſont deus lots & ventes, comme faiſans partie de l'heritage
ſubict à icelles.

X.

Pour adiudication par decret faict
pour nettoyer les hypotheques ſuiuant
la conuention portee par le contract de
vente, ne ſont deus lots ne ventes: ſinon
entant que le prix d'icelle excederoit celuy qui auoit eſté conuenu.

X I.

En ſupplément de iuſte prix, acquiſi-
tion de plus valuë, tranſaction portant
delaiſſement d'heritages, moyennant
deniers baillez ſont deuë ventes à raiſon
de ce qui eſt payé, & non plus.

XII.

Pour achapt de ſucceſſion vniuerſelle
ne ſont deubs lots ne ventes.

XIII.

De partage, licitation, & adiudication
entre coheritiers ou comperſonniers ne

sont deubs ne lots ne ventes.

XIV.

Pour vente de fruicts faicte à plus de dix ans, sont deubs locs & ventes, & non pour vente à vie.

XV.

Qui tient terres subiectes à champart n'en peut leuer la desblee sans appeller le seigneur, sur peine de l'amende.

XVI.

Terres tenuës à champart, terrage, vinage, gros cens, ou rente originaire & directe, tenant lieu de chef cens, doiuent lots & ventes au seigneur desdits champart, terrage, &c.

XVII.

Terres tenuës en fief ne doiuent champart.

XVIII.

Quand droict de relief est deu pour roture ou cotterie, il est coustumierement du double du cens, ou de la rente.

G iij

XIX.

Vn seigneur soit censuel ou feudal, n'est tenu ensaisiner ny receuoir en foy le nouuel acquereur, s'il ne le satisfaict aussi des anciens droicts & arrerages à luy deubs.

XX.

Le seigneur censier peut tenir en sa main les terres vacantes, & en faire les fruicts siens, iusques à ce qu'il en soit recogneu.

XXI.

Mais pendant le temps de sa iouyssance, ne luy sont deubs cens ne rentes.

XXII.

Qui ne paye son cens, doit perdre son champ, Qui est ce que dient nos capitulaires, *Qui negligit censum, perdat agrum.*

De Fiefs. TILT. III.

I.

TOvs fiefs sont patrimoniaux, se peuuent vendre & engager sans le consentement du seigneur, & en sont les heritiers saisis.

II.

Les benefices sont resignables, & à vies.

III.

Les charges & commissions reuocables à volonté.

IV.

Tout nouueau vassal doit la foy à son seigneur, & luy en faire quelque recognoissance.

V.

Le doit aller trouuer en son chef-lieu: là demander s'il y est ou autre pour luy,

G iiij

ayant pouuoir de le receuoir en foy:
puis mettant le genoüil en terre,
nuë teste, & sans espee, ny esperons, luy
dire, qu'il luy porte la foy & hommage
qu'il est tenu luy faire, à cause du fief
mouuant de luy, & à luy appartenant à
tel tiltre: & le requerir qu'il luy plaise l'y
receuoir.

V I.

Le vassal faisant la foy, doit mettre
ses mains iointes entre celles de son seigneur, disant, Sire, ou Monsieur, ie de-
uiens vostre homme, vous promets foy
& loyauté de ce iour en auant, viens en
saisine vers vous, & comme à seigneur,
vous offre ce. Et le seigneur luy doit
respondre, Ie vous reçoy & prens à
homme, & en nom de foy vous baise
en la bouche, sauf mon droict & l'autruy.

V I I.

Le seigneur n'est tenu receuoir l'hommage de son vassal, par Procureur,

mais s'il a excuse legitime, luy donnera souffrance.

VIII.

Le vassal ne trouuant son seigneur en son hostel, doit heurter par trois fois à sa porte, l'appeller aussi par trois fois. Et apres auoir baisé la cliquette ou verroüil d'icelle, faire pareille declaration que dessus, & en prendre acte authentique, signifié aux officiers de la iustice, ou au prochain voisin, & en laisser copie.

IX.

Les enfans ne doiuent coustumierement que bouche, & mains, auec le droict de Chambellage, qui est deu par tous.

X.

En quelques contrees la femme ne doit que la main : mais la courtoisie Françoise doit aussi la bouche.

XI.

Droict de Chambellage est vne piece

d’or au Chambellage du seigneur, à la
discretion du vassal.

XII.

Les collateraux doiuent relief ou rachapt.   XIII.

Relief est le reuenu d’vne annee, choi-
sie en trois immediatement preceden-
tes : ledict des Pairs, ou vne somme de
deniers pour vne fois, au choix du seigneur.

XIV.

Pairs sont compagnons tenans fief
d’vn mesme seigneur, l’vn desquels est
nommé par le seigneur, & l’autre par le
vassal, & s’ils ne s’accordent, ils en prennent vn tiers.

XV.

Le vassal est tenu communiquer à son
seigneur choisissant le relief ses papiers
de recepte & terrieres, & en bailler copie
aux despens du seigneur.

XVI.

Au reuenu de l’annee se doit rabatre

le labourage, & en doit le seigneur
iouyr, comme bon pere de famille.

XVII.

Mais quand le seigneur gaigne les
fruicts à faute d'homme & de debuoirs,
il les prend tels qu'ils sont sans rien pre-
conter ny deduire pour les frais & la-
bours de son vassal, & sans rien diminuer de ce qui luy est deu pour son rachapt.

XVIII.

Si plusieurs rachapts escheent en vne
annee par contracts de vassaux, ils au-
ront lieu si par leurs deceds, n'en sera
deu qu'vn.

XIX.

Si durant l'annee du rachapt s'en ren-
contre vn autre d'vne terre hommagee,
qui tombe aussi en rachapt, le seigneur
en iouyra tant que l'annee de son rachapt durera: & s'appelle rachapt ren-
contré.

XX.

En eschange & donation est deu rachapt.

XXI.

En vente de fief font deubs quints
pour & au lieu de laffentement du feigneur : & en quelques lieux encores requints : & en d'autres feulement trefief-
me, felon les conuentions ou couftumes des lieux.

XXII.

Es lieux où eft deu relief en toute
mutation, comme au Vvexin, quand
quint eft deu, n'eft deu relief.

XXIII.

En fiefs abonnez vendus ne font
deubs quints ny requints.

XXIV.

Si le Seigneur n'eft feruy de fon fief,
ny fatisfaict de fes droicts, il le peut mettre en fa main par faifie, & en faire les
fruicts fiens.

XXV.

Mais tant que le feigneur dort, le vaffal veille, & tant que le vaffal dort, le feigneur veille.

XXVI.

Le seigneur de fief ne plaide iamais dessaisi.

XXVII.

Est la saisie du seigneur preferee à toutes autres.

XXVIII.

Mais si les creanciers le satisfont de ses droicts, il sera tenu leur en faire main leuee.

XXIX.

Et pareillement donner souffrance aux tuteurs des mineurs.

XXX.

Il y a entre les Prouerbes ruraux que Souffrance à la fois vaut des-heritance, qui semble estre ce qu'on dit coustumierement, Souffrance vaut foy, tant qu'elle dure.

XXXI.

Mineurs ny leurs tuteurs n'entrent point en foy.

XXXII.

Mais bien les baillistres, qui font les

fruicts leurs, & les maris pour leurs femmes, & payent relief.

XXXIII.

Aussi apres les bails finis, les maieurs
& les femmes vefues y entrent comme
de fief seruy, & sans payer autre relief.

XXXIV.

Qui demande souffrance doit decla-
rer les noms & aages de ceux pour qui il
la demande.   XXXV.

Souffrance se doit aussi bailler à ceux
qui par essoine legitime ne peuuent faire la foy en personne.

XXXVI.

La souffrance finie l'on peut saisir à
faute de foy.

XXXVII.

Vn nouueau seigneur peut sommer
& contraindre ses vassaux de venir à la
foy: qui est ce qu'on dit, A tous seigneurs
tous honneurs.

XXXVIII.

Mais l'ancien vassal ne doit que bouche & mains.

XXXIX.

Quand vne saisie est faicte pour plusieurs causes, il suffit qu'elle se puisse soustenir pour l'vne d'icelles.

XL.

Vn seigneur peut receuoir à foy & relief tous ceux qui se presentent à luy, sauf tous droicts.

Et n'est tenu de rendre ce qui luy est pour ce volontairemeut offert & presenté.

XLI.

Si le vassal compose des droicts de son fief saisi, & ne satisfaict dans le temps qui luy auoit esté donné, la saisie se continuë. Qui est ce que dient quelques coustumes, Quand argent faut, finaison nulle.

XLII.

Le seigneur & le vassal sont tenus reciproquemene se communiquer de bóne foy leurs adueus, denombrements, & autres lettres, ou s'é purger par serment.

XLIII.

Les droits deus par le vaſſal à ſon ſeigneur ſe payent ſelon la couſtume du
fief ſeruant : mais les foy & hommages
ſe doiuent faire en la forme du fief do-
minant.

XLIV.

Le ſeigneur de fief peut auſſi ſaiſir à
faute de denombrement non baillé.

XLV.

Mais l'adueu bien ou mal baillé ſauue
la leuee, & ne faict le ſeigneur les fruicts
ſiens.

XLVI.

Doit le ſeigneur leuer ſa main de ce
dont il n'eſt en diſcord, la ſaiſie tenant
pour le ſurplus.

XLVII.

Denombrement baillé ſert de con-
feſſion contre celuy qui le baille : mais
ne preiudicie à autruy : ny au ſeigneur
qui le reçoit, ſinon que le vaſſal eſtant
retourné vers luy apres quarante iours
pour le reblandir, il ne le blaſme.

Vn

XLVIII.

Vn seigneur ne peut contraindre son vassal de bailler adueu plus d'vne fois en sa vie.

XLIX.

Ce qui est recelé frauduleusement est acquis au seigneur.

L.

Vn seigneur ne peut saisir le fief de son vassal, auant qu'il soit luy-mesmes entré en foy.

LI.

Ne peut aussi gaigner les fruicts du fief ouuert par le deceds de son vassal, qu'apres les quarante iours.

LII.

Le seigneur qui a receu son vassal en foy sans aucune reseruation, ne peut saisir le fief pour les droicts par luy pretendus, ains y doit venir par action.

LIII.

L'on doit venir par action pour loyaux aydes.

H

LIV.

Loyaux aydes font couftumierement deubs pour cheualerie de feigneur, ou de fon fils aifné, pour mariage de fille aifnee, pour rançon, & voyage en la terre Sainĉte.

LV.

Le cas de rançon eft reïterable, les autres non.

LVI.

Loyaux aydes font prefques ordinairement le doublage des debuoirs.

LVII.

Loyaux aydes ne paffent aux filles, ores qu'elles foient Dames du fief.

LVIII.

Par roturier & non noble, & à noble & non roturier font deubs loyaux aydes.

LIX.

Autrément pour la perfonne ne pert le fief fa nobleffe.

LX.

Auparauāt que les fiefs fuffent vraye

ment patrimoniaux, ils estoient indiuisibles & baillez à l'aisné, pour luy ayder à supporter les frais de la guerre, & quasi comme *prædia militaria*, qui ne venoient point en partage.

LXI.

Depuis les puisnez y ont pris quelques prouisions & appanages, qui en ont quasi par tout esté en fin faict patrimoniaux.

LXII.

L'aisné prenant tousiours quelque aduantage, selon la diuersité des Coustumes. Et paraduanture seroit-il raisonnable qu'il prit le double de chacun des autres enfans.

LXIII.

Sur tout le chef-lieu, ou maistre manoir entier, ou au lieu d'iceluy le vol du chappon, qui est vn arpent de terre ou iardin, marque de l'ancienne frugalité de nos peres.

H ij

LXIV.

Et si doit auoir le nom, le cry, & les armes pleines.

LXV.

Quand le fief consisteroit en vn hostel, il le prendroit entier luy seul, la legitime des autres sauue.

LXVI.

Si les preclostures du chef lieu, excedent ce qui doit appartenir à l'aisné, il les peut auoir en recompensant ses puisnez en fiefs ou autres heritages de la mesme succession, à leur commodité.

LXVII.

Et si peut auoir la plus belle terre entiere aux mesmes conditions.

LXVIII.

Et si ne paye pas plus de debtes que l'vn de ses autres freres ou sœurs.

LXIX.

Mais nul ne prend droict d'aisnesse, s'il n'est heritier.

LXX.

Est ce droict d'aisnesse en fiefs si fauo-

rable que l'on n'en peut eſtre priué, ores
qu'on y euſt renoncé du viuant dá ſes
pere & mere.

LXXI.

Par l'Ordonnance du Roy Philippe
Auguſte, du 1. de May, de l'an 1210. (qui
eſt par aduanture la premiere des Roys,
de la troiſieſme race,) les parts de l'ec-
lypſement du fief des maiſnez eſt tenuë auſſi noblement que le principal de
ſon aiſné.

LXXII.

Eſt neantmoins en leur choix de releuer du ſeigneur feudal, ou les tenir en
parrage de leur aiſné, qui les acquitte de
la foy pour le tout enuers le ſeigneur
commun.

LXXIII.

L'aiſné peut faire la foy & hommage
pour ſes puiſnez.

LXXIV.

Neantmoins eſt loiſible à vn chacun
faire la foy pour ſa part.

LXXV.

Le puifné ne peut garentir fon aifné,
& fi n'y a garentie en ligne collaterale.

LXXVI.

Le frere n'acquitte fa fœur que de fon
premier mariage, & non des autres.

LXXVII.

Et en chacune branche de parrage,
celle qui f'appelloit miroüer de fief par
l'ancienne couftume de Vvexin, pouuoit porter la foy pour toutes les autres.

LXXVIII.

Si l'aifné de la fouche ou branche, eft
refufant ou dilayant faire la foy, le plus
aagé d'apres, & les autres fucceffiue-
ment la peuuent porter, & en ce faifant
couurir le fief.

LXXIX.

Entre enfans n'y a qu'vn droict d'aifneffe.

LXXX.

Toutesfois fil y a diuerfes fucceffions, couftumes, ou bailliages : Il prendra droict d'aifneffe en chacune d'icelles.

LXXXI.

Prefque par tout entre filles n'y a point de droict d'aifneffe.

LXXXII.

Entre mafles venans à succeffion en ligne collaterale n'y a gueres prerogatiue d'aifneffe, fors du nom, du cry, & des armes.

LXXXIII.

En la mefme ligne, les mafles excluent les femelles eftans en pareil degré, & venans de leur chef, f'ils y viennent par reprefentation,ils concurrent auec elles.

LXXXIV.

Mais ils en font exclus par elles s'ils eftoient fi efloignez, qu'ils fuffent hors des degrez de reprefentation.

LXXXV.

Si les femelles y viennent par repre-

sentation d'vn masle, elles concurrent
auecques ceux qui sont en pareil degré
que les representez.

LXXXVI.

Le Royaume ne tombe point en que-
nouille, ores que les femmes soient ca-
pables de tous autres fiefs.

LXXXVII.

Par la loy Salique les Royaume, Du-
chiez, Comtez, Marquisats, & Baronnies ne se desmembrent point.

LXXXVIII.

Mais doit le Roy appanage à Mes-
sieurs ses freres, & enfans masles puisnez: & mariage à mes Dames ses sœurs
& filles: & les Ducs, Comtes, & Barons,
recompense en autres terres.

LXXXIXI.

Marque de Baronnie estoit auoir
haute Iustice en ressort.

XC.

Le vassal peut desmembrer, bailler à

cens & arrentement son fief, sans l'af-
sens de son seigneur, iusques au tiers de
son domaine, sans s'en dessaisir, où la
main mettre au baston, qui est ce que
l'on dit, se joüer de son fief, sans demis-
sion de foy.

X C I.

Mais ne le peut démembrer au preiudice de son seigneur.

X C I I.

Le seigneur qui a ré-vny à sa table le
fief de son vassal n'est tenu en faire
hommage à son seigneur : mais aduenant mutation de part ou d'autre, doit
faire homage du total, comme d'vn
fief vny.

X C I I I.

Quand vn fief aduient par confisca-
tion à vn haut iusticier, lequel n'est tenu
de luy, ou vn arriere-fief tenu de luy, il
en doit vuider ses mains dans l'an &
iour, ou en faire la foy & homage au
seigneur feudal.

XCIV.

Le vaſſal eſt tenu aduoüer ou deſad-
uoüer ſon ſeigneur, ſinon qu'il y euſt
contention de tenure entre deux ſeigneurs, auquel cas il ſe peut faire receuoir par main ſouueraine du Roy.

XCV.

. Le vaſſal mal deſaduoüant pert ſon
fief.

XCVI.

Car qui fief denie, fief perd. Et qui à
eſcient faict faux adueu, commet felonnie.

XCVII.

Fidelité & felonnie ſont reciproques
entre le ſeigneur & le vaſſal, & comme
le fief ſe confiſque par le vaſſal, ainſi la
tenure feudale par le ſeigneur.

XCVIII.

Le ſeigneur re-vniſſant le fief de ſon
vaſſal par felonnie, le tient franc &
quitte de toutes debtes & charges con-
ſtituees par ſon vaſſal.

XCIX.

Autrement le seigneur confisquant en est tenu iusques à la valeur du fief.

C.

Vn seigneur de paille, feurre, ou de beurre, vainc & mange vn vassal d'a-cier.

C I.

On ne peut bastir forteresse au fief & iustice d'autruy, sans son congé.

De Donations. TILTRE IV.

I.

IL n'est si bel acquest que de don.

II.

Toutesfois don d'heritage fait à ce-luy qui doit succeder, luy est propre iusques à la concurrence de ce qui luy deuoit aduenir.

III.

Don d'heritages faict pour nopces à faire, est reputé propre à celuy à qui il eſt faict : mais quanu il eſt faict apres le mariage, eſt reputé conqueſt.

I V.

Simple tranſport ne ſaiſit point.

V.

Donner & retenir ne vaut.

V I.

Promettre & tenir ſont deux.

V I I.

Il vaut mieux vn Tien que deux, Tu l'auras.

V I I I.

Chacun peut diſpoſer de ſon bien à ſon plaiſir, par donation entre vifs, ſuiuant l'opinion de tous nos Docteurs François.

I X.

Donation mutuelle ſoit entre vifs, ſoit par teſtament ne ſe peut reuoquer que par mutuel conſentement : ſinon que celuy au profit duquel on auroit mutuellement teſté, fuſt decedé.

X.

Donataire mutuel eſt tenu auancer

les obseques & funerailles, & debtes du
predecedé : mais non les laigs testamentaires.

XI.

En donation faicte entre conioincts
sentent que leurs conuentions de mariage y soient prealablement prinses.

XII.

Donation faicte entre vifs par personnes malades, dont ils decedent, est
reputee à cause de mort.

XIII.

Donation faicte à cause de mort, ne
saisit point.

De Responses. TILTRE V.

I.

QVi respond paye.

II.

De foy fy : de pleige plaid : de gage,
reconfort : d'argent comptant paix &
accord.

III.

Qui respond pour vn criminel corps pour corps, auoir pour auoir, n'en est pourtant tenu que ciuilement.

De Payements. TILTRE VI.

I.

AV prester amy, au rendre ennemy.

II.

Qui bien veut payer, bien se veut obliger.

III.

Qui doit il a le tort.

IV.

Qui paye mal, paye deux fois.

V.

Qui paye bien, deux fois emprunte.

VI.

Qui paye le dernier, paye bien.

VII.

C'est assez de payer vne fois ses debtes.

VIII.

Ce qui eſt differé, n'eſt pas perdu.

IX.

Or vaut ce qu'or vaut.

X.

Qui veut faire ceſſion doit confeſſer la debte en iugement, & en perſonne.

XI.

L'on peut renoncer aux reſpits: mais non au benefice de ceſſion.

XII.

Reſpits ou ceſſion n'ont lieu en debtes priuilegees, ou procedans de dol ou de crime.

XIII.

Debtes priuilegees ſont celles qui ſont adiügees par ſentences, loüages de maiſons, moiſons de grains en eſpece, ou en argent, arrerages de cens & ren- & rentes foncieres, deniers dotaux, debtes de mineurs, aliments & medicament: ou quand le creancier eſt nanty

de gages, par l'Ordonnance du Roy
Philippes Augufte.

XIV.

En defconfiture tout creanciers viennent à contribution au fol la liure fur les
meubles: & les chirographaires & fce-
duliers fur les immeubles.

XV.

Car fur les immeubles, les premiers
hypothecaires vont deuant.

XVI.

Defconfiture eft quand le debteur
faict rupture & faillite, ou qu'il y a apparence notoire que fes biens tant meubles, qu'immeubles, ne fuffiront au
payement de fes debtes.

XVII.

Le depoft, le gage, la marchandife
trouuée en nature dont le prix qui fe
deuoit payer eft encores deu, ny autres
debtes priuilegees, ne font tenus venir
à contribution, ains ont droict de preference.

XVIII.

XVIII.

Toutes appretiations de bleds, vins
bois, & autres chofes, fe doiuent faire
fur le regiftre du rapport qui f'en faict
en Iuftice, & felon l'eftimation commune de l'annee qu'elles eftoient deuës.
Mais les moiffons & rentes foncieres
en grain deuës à certain iour & lieu feront appreciees au plus haut prix qu'elles ont vallu en l'an, depuis le iour que le
payement en deuft eftre faict.

LIVRE V.

D'Actions. TILTRE I.

TOVTES actions font de bonne
foy.

II.

Par la Couftume generale de France
tous adiournemens doiuent eftre faicts
à perfonne ou domicile.

I

III.

Adiournement à trois briefs iours fe font de trois iours en trois iours. Adiournement à trois iours francs, de cinq en cinq iours. Et quand ils fe font à huictaine ou quinzaine, les premier & dernier iours ne font contez que pour vn.

IV.

Les chofes vallent bien peu fi elle ne vallent le demander.

V.

Pour peu de chofes peu de plaid.

VI.

Peu de chofe eft quand il n'eft queftion que de dix liures.

VII.

Si vne demande ne paffe vingt fols, iour de confeil n'en eftoit octroyé.

VIII.

Fautes vallent exploicts.

IX.

Qui prend guarantie, doit laiffer fon

iuge, & l'aller prendre deuant celuy où
le plaid est.

X,

Qui tire à garend, & garend n'a, sa
cause perduë a.

XI.

En Cour souueraine on plaide à toutes fins.

XII.

Le rescindant, & le rescisoire sont ac-
cumulables.

De Barres & Exceptions.
TILTRE II.
I.

QVi de barres se veut ayder, doit
cómencer aux declinatoires, puis
venir aux dilatoires, & finalement aux
peremptoires : & si la derniere met deuant, ne s'aydera des premieres.

II.

Reconuention n'a point de lieu, fors

de la mesme chose dont le plaid est.

III.

Vne debte n'empesche point l'autre.

IV.

Compensation n'a lieu si la debte qu'on veut compenser n'est liquide : & par escript.

V.

Voyes de nullité n'ont point de lieu.

VI.

Exception d'argent non nombré n'a point de lieu.

VII.

Exception de vice de litige n'a lieu.

VIII.

Exception d'excommunication n'a point de lieu en Court laye.

De Prescriptions. TILTRE III.

I.

Par l'Ordonnance du Roy Louys douziesme, gens de mestier ne peu-

uent demander leurs ouurages apres six
mois, ny les marchands le prix de leurs
marchandises apres vn an.

II.

Toutes actions d'iniures, de louä-
ges de seruiteurs, de dommage de bel-
stes, de payement de tailles, imposts,
billets, guets, fourrages, foüages, vien-
trages, detaux & amendes, à faute d'a-
uoir moulu, ou cuit en moulins & fours
bannaux, sont tolluës par an & iour.

III.

Messire Pierre de Fonteines escript,
que barres ou exceptions de force, de
peur, de tricherie, ne duroient qu'vn an,
par l'ancien vsage de la France.

IV.

Auiourd'huy toutes rescisions de cô-
tracts faicts en minorité, ou autrement
indeuëment, se doiuent intenter dedans
dix ans de la minorité, ou du legitime
empeschement cessant, suiuant les Ordonnances des Roys Louis douziesme,
& François premier.

V.

Prescription d'heritage , ou autre droict reel s'acquiert par iouyssance de dix ans entre presens, & vingt ans contre absens aagez & nõ priuilegiez, auec tiltre & bonne foy : & sans tiltre, par trente ans.

V I.

Ceux qui sont demeurans en diuers bailliages Royaux , sont tenus pour absens.

V I I.

Prescription de dix, vingt ans, ny de trente ans, ne court contre les pupils, ny en effect contre les mineurs, en estans releuez tout aussi tost qu'ils le requierent.

V M I.

L'action personnelle, & toute faculté de pouuoir racheter chose venduë ne se prescript que par trente ans, ores que ces mots, *toties quoties* y fussent suiuant baduis de l'Aduocat Dix hommes, qui a esté suiuie par les Arrests.

IX.

L'action hypothecaire ſe preſcript par
vn tiers par dix ans entre preſens & vingt
ans entre abſens, auec titre & bonne foy,
& ſans titre par trente ans, & par le debteur ou ſon heritier, ou par vn creancier
poſterieur, tant comme le debteur commun vit, par quarante ans.

X.

Toute preſcription annale, ou moindre couſtumiere, court contre les abſens
& mineurs, ſans eſperance de reſtitution.

XI.

Contre l'Egliſe n'y a preſcription que
de quarante ans, par les Ordonnances du
Roy Charles le Grand, & de Louis ſon
fils, conformement aux conſtitutions de
leurs predeceſſeurs Empereurs.

XII.

En noueaux acqueſts faicts par gens
d'Egliſe ils ne ſont non plus priuilegiez
que les lais. XIII.

Si dedans l'an & iour de l'approba-

-tion faicte de leur contract, ils ne font fommez d'en vuider leurs mains, ils n'y peuuent plus eftre contraincts.

XIIII.

Et par trente ans ils en prefcriuent l'indemnité, & le droict d'amortiffement par cent ans.

XV.

Car contre le Roy n'y a prefcription que de cent ans, Qui eft ce qu'on dit communement, Qui a mangé l'oye du Roy, cent ans apres en rend la plume.

XVI.

Poffeffion centenaire & immemoriale vaut tiltre.

XVII.

Toutefois en exemption ou poffeffion de groffes dixmes, pretenduës par perfonnes layes, faut alleguer tiltre auparauant le Concile du Latran, & prouuer fa poffeffion immemoriale.

XVIII.

Mais la qualité & quoti é d'icelles fe

peut par eux prescrire par quarante ans,
suiuant la Philippine.

XIX.

Possesseur de malle-foy ne peut prescrire. XX.

Toutes les choses des Croisez sont en protection de saincte Eglise, & demeurent entieres & paisibles iusques à leur repaire, ou qu'on soit certain de leur mort. XXI.

En doüaire & autres actions qui ne sont encores nees, le temps de la prescription ne commence à courir que du iour que l'action est ouuerte.

XXII.

Entreprises qui se font dessus ou dessous ruë publique ne se prescriuét iamais.

XXIII.

Le vassal ne prescript contre son seigneur, ny le seigneur contre son vassal.

XXIV.

Le cens & la directe sont aussi imprescriptibles.

XXV.

Mais ils se peuuent prescrire par vn seigneur contre l'autre, par trente ans, & contre l'Eglise par quarante.

XXVI.

Veuës & esgousts n'acquierent point de prescription sans tiltre.

XXVII.

Souffrance & accoustumance est desheritance. XXVIII.

En toutes choses indiuisibles l'interruption faicte contre l'vn profite contre tous. XXIX.

Ancienneté a auctorité.

De Possession, Saisine, complainte, ou cas de nouuelleté, sequestre, recreance, & maintenuë. Tit. IV.

I.

POSSESSION vaut moult en France, encores qu'il y ayt du droict de propriété entremeslé.

II.

En toutes saisines, le possesseur est de

meilleure condition & pource, *Qui poſ-*
sidet & contendit, Deum tentat & offendit.

III.

Le viager conſerue la poſſeſſion du
proprietaire.

IIII.

Tout poſſeſſeur de bonne foy faict
les fruicts ſiens.

V.

Il ne prend ſaiſine qui ne veut.

VI.

Apprehenſion de faict equipolle à ſaiſine.

VII.

Deſſaiſine & ſaiſine faicte en preſence de Notaires & de teſmoings vaut, &
equipolle à tradition & deliurance de
poſſeſſion.

VIII.

Toutesfois l'on ne peut acquerir vraye
ſaiſine en fief ſans foy, ou aſſentement
du ſeigneur.

IX

Iouïſſance de dix ans vaut ſaiſine

X.

Qui a iouy par an & iour d'aucune chose reelle, ou droict immobiliaire, par soy, ou son predecesseur *non vi*, *non clam*, *non precario*, en a acquis la saisine & possession, & peut former complainte dans l'an & iour du trouble à luy faict.

XI.

En cas de nouuelleté se faut bien garder de dire qu'on ait esté spolié, mais simplement troublé, ou dejetté de sa possession par force.

XII.

Trouble s'entend non seulement par voye de faict, mais aussi par denegation iudiciaire.　　XIII.

Au Roy ou à ses Baillifs & Seneschaux appartient, par preuention, la cognoissance des complaintes de nouuelleté en chose prophane, & priuatiuement à tous autres iuges, en matiere beneficiale, par recognoissance mesme des Papes de Rome.　　XIV.

En complainte de nouuelleté y a amende enuers le Roy, & la partie.

XV.

Pour ſimples meubles on ne peut intenter complainte, mais en iceux eſchet adueu & contre adueu.

XVI.

Pource les executeurs de teſtament ne peuuent former complainte.

XVII.

Succeſſion vniuerſelle de meubles, & generalement toutes choſes qui ont nature d'heritages ou de droict vniuerſel cheent en complainte.

XVIII.

Ceſſation, contradiction, & oppoſition valent trouble de faict.

XIX.

Cas ſur cas, ou Main ſur main, n'a point de lieu, ains ſe faut pouruoir par oppoſition.

XX.

L'on dict vulgairement qu'entre le Roy, le ſeigneur & le ſubiect, ou vaſſal n'y a point de nouuelleté.

XXI.

De choſe qui touche delict ne ſe peut

dire aucun enfaifiné, & ne fait à ouyr en complainte, ne par vfagé , ne par cou-ftume.   XXII.

Veuë a lieu en fimple faifine , mais non en cas de nouuelleté. Car l'oppofi-tion que l'on y forme vaut veuë.

XXIII.

Qui chet en la nouuelleté, pour n'auoir iouy an & iour auparauant le trouble, peut intenter le cas de fimple faifine.

XXIV.

En fimple faifine ne fe faict aucun re-ftabliffement, ains vn fimple adiourne-ment : & n'y a lieu de recreance, ny fe-queftre.   XXV.

Celuy qui verifie fa iouyffance par dix ans, ou la plus grande partie d'iceux au-parauant l'an du trouble, recouure par le cas de fimple faifine la poffeffion qu'il auoit perduë.   XXVI.

En fimple faifine les vieux exploicts vallent mieux : en cas de nouuelleté, les nouueaux ou modernes.

XXVII.

Car la recreance s'adiuge à celuy qui
prouue ſa derniere poſſeſſion par an &
iour, & qui a le plus apparent droict.

XXVIII.

Si le creancier pert la maintenuë, il doit
rendre & reſtablir les fruicts.

XXIX.

Quand les preuues des poſſeſſions ſont
incertaines, où y a crainte que l'on ne
vienne aux mains, la complainte eſt four-
nie, & les choſes côtentieuſes ſequeſtrees.

XXX.

Sequeſtre garde, & la main de Iuſtice
ne delaiſit & ne preiudicie à perſonne.

De Preuues, & Reproches. TIT. V.

I.

IL y a aux prouerbes ruraux, que Fol eſt
qui ſe met en enqueſte.

II.

Ouyr dire va par ville, & En vn muy
de cuider, n'y a point plein poing de ſça-

uoir.　　　　　III.

Seel authentique fait foy par les Couſtumes.　　　　IV.

Teſmoings paſſent lettres.

V.

Les plus vieux tiltres ne ſont pas les
meilleurs.　　　　VI.

Les ſergens, meſliers, & foreſtiers, ſont
creus de leurs priſes & rapports iuſques à
cinq ſols.　　　　VII.

A face hardie vne preuue ne nuit.

VIII.

Vne fois n'eſt pas couſtume.

IX.

Couſtume ſe doit verifier par deux
tourbes, & chacune d'icelles par dix teſ-
moins.　　　　X.

Reproches generaux ne ſont admis,
non plus que de familier, amy, & ſerui-
teur, s'il n'eſt domeſtique & ordinaire.

XI.

Faicts de reproches d'eſtre larron, par-
iure, infame, rauiſſeur, & autres crimes, ne
ſont

font receus, s'il n'y a eu ſentence ou com-
poſition. XII.

Pauureté n'eſt pas vice, mais en grande pauureté n'y a pas grande loyauté.
XIII.

En matiere criminelle les reproches
demeurent à l'arbitrage des Iuges.
XIV.

Reprobatoires de reprobatoires ne
ſont receus.

LIVRE VI.

De Crimes & Gages de bataille. TITRE I.
I.

EN demande de delict n'eſchet iour
de conſeil. II.

Voyes de faict ſont defenduës.
III.

La volonté eſt reputée pour le faict.
IV.

Tel cuide ferir qui tuë.

K

V.

Assez escorche qui le pied tient.

VI.

Il ne se donne plus treve ny paix entre les subiects du Roy : mais on les met en asseurance & sauue-garde.

VII.

Sauue-garde n'est pas enfrainte par parole, mais par faict.

VIII.

Tous delicts sont personnels, & en crime n'y a point de garend.

IX.

Encores qu'en tous crimes nous ne poursuiuions que nostre interest ciuil, sans qu'il soit besoing d'aucune inscription, si la gardós nous en crime de faux.

X.

Qui s'enfuit, ou brise la prison estant du cas attaint, s'en rend coulpable, & quasi conuaincu.

XII

Vn malade blessé ne se lairra pas visi-

ter au mire ou barbier, si celuy qui a faict
le delict n'est prisonnier.

XII.

On ne peut tenir le corps & les biens.

XIII.

Tout prisonnier se doit nourrir à ses
despens s'il a dequoy : sinon le Roy ou le
haut iusticier en crime, & pour debte ciuile, sa partie.   XIV.

Tous vilains cas sont rehiables.

XV.

L'on tient maintenant que le cas pri-
uilegié attraict à soy le delict commun:
ce qui n'auoit point de lieu iadis.

XVI.

L'on ne peut accuser vne femme d'a-
dultere, si son mary ne s'en plaint, ou qu'il
en soit le maquereau.

XVII.

Il est larron qui larron emble.

XVIII.

Encores que nier ne soit larrecin, si est-
ce de larrecin.

XIX.

Pour larrecin n'eſchet gage de bataille.

XX.

Ny pour autre crime où il n'eſchet peine de mort.

XXI.

En faict de bataille le defendeur eſt tenu de confeſſer, ou nier le fait, dés le meſme iour qu'il reçoit le cartel.

XXII.

L'appellé en combat a le choix des armes & de la forme du combat.

XXIII.

En France perſonne n'eſt tenu prendre, ny bailler champion, quoy que l'Empereur Frideric ayt ordonné le contraire.

XXIV.

Ny de combatre auant vingt & vn an de ſon aage.

XXV.

Qui ne combat quand la bataille eſt aſſignée & iuſtice és mains du Prince, pert les armes, & eſt tenu pour vaincu.

X

XXVI.

Et si le demandeur ne rend le deffendeur vaincu dans le Soleil couché, le demandeur pert sa cause.

XXVII.

Le desmentir & offre de combat sauue l'honneur a celuy qui est taxé de trahison.

XXVIII.

Le mort a le tort, & le batu paye l'amende.

XXIX.

Maintenant toutes guerres & combats sont deffendus, & n'y a que le Roy qui en puisse ordonner.

XXX.

La peine du vaincu estoit la mort, ou mutilation de membres : mais la loy de Tallion fut pour ce regard introduite, par l'establissement du Roy Philippes Auguste , tant contre l'appellant que l'appellé.

De Peines & Amendes. TILTRE II.

I.

LEs amendes & peines couſtumieres ne ſont à l'arbitrage du Iuge, les autres ſi.

II.

La peine de Talion n'eſt point maintenant ordinaire en France.

III.

Toutes peines requierent declaration.

IV.

Le faict iuge l'homme.

V.

Qui faict la faute, il la boit.

VI.

Par compagnie on ſe faict pendre.

VII.

Pour ſaiſie briſée y a amende de ſoixante ſols.

VIII.

Qui briſe vne franchiſe briſe toutes les autres.

IX.

Infraction de fauue-garde & d'affeurance iuree par la couftume de France merite la hart.

X.

Feu Monfieur Marillac, Aduocat du Roy, fouloit dire, que tout dol meritoit punition extraordinaire, & corporelle, ores qu'il fuft traicté en matiere ciuile.

XI.

Les amendes des meflées ou forfaicts commis de nuict font doubles.

XII.

Meffire Pierre de Fontaines efcrit que les actions penales n'ont point de lieu, & qu'on faict rendre les chofes fans plus auec l'amende au Seigneur. Qui eft ce qu'on dit : A tout meffaict n'efchet qu'amende.

XIII.

La longueur de la prifon emporte vne partie de la peine, & ne confifque point les biens, ores que la punition en fuft perpetuelle.

K iiij

XIV.

Iamais on n'aduance les verges dont on est battu.

XV.

La peine du foüet infame.

XVI.

Il n'est pas foüetté qui veut : Car qui ne peut payer en argent, le paye en son corps.

XVII.

L'homme qui se met à mort par deselpoir confisque enuers son Seigneur.

XVIII.

Le corps du deselperé est traisné à la Iustice, comme conuaincu & condamné.

XIX.

Qui confisque le corps, confisque les biens.

XX.

La confisquation des meubles appartient au seigneur duquel le confisqué est couchant & leuant, & des immeubles aux seigneurs hauts iusticiers des lieux où ils sont assis.

XXI.

Sinon que ce fuſt pour crime de leze-
Majeſté, ou le Roy prend tout : ou de
fief, auquel le ſeigneur prend ce qui eſt
en ſon fief, ores qu'il n'euſt iuſtice.

XXII.

Crimes feudaux ſont felonnie, ou faux
adueu à eſcient.

XXIII.

L'homme condamné aux galeres, ou
banny à perpetuité, ou a plus de dix ans
confiſque ſes biens, & ne peut ſucceder.

XXIV.

Le ſeigneur iouira des biens apparte-
nans par vſufruict à ſon ſubiect condamné, tant que le condamné viura.

XXV.

Pour le meffaict de l'Homme, ne perdent la femme ny les enfans leurs doüaire & autres biens.

XXVI.

Ny elle ſa part des meubles & acqueſts
de ſon mary, par l'aduis de Maiſtre Char-

les du Moulin, fuiuy contre les anciennes
Couſtumes de la France: Conformement
au priuilege octroyé aux Pariſiens , en
l'an 1451.

XXVII.

Femme mariee condamnee , ne confiſque que ſes propres , & non la part
qu'elle auroit aux meubles & acqueſts.

XXVIII.

En crimes qui meritent la mort, le villain ſera pendu, & le noble decapité.

XXIX.

Toutesfois où le noble ſeroit conuaincu d'vn villain cas , il ſera puny comme
villain.

XXX.

L'on diſoit communement, Que les
nobles payent ſoixanté liures d'amende,
où les non nobles payent ſoixante ſols.

XXXI.

Mais en crimes les villains ſont plus
griefuement punis en leurs corps que les
nobles.

XXXII.

Et où le vilain perdroit la vie où vn

membre de son corps, le noble perdra
l'honneur & responce en Cour.

XXXIII.

De toutes amendes estans en loy les
femmes n'en doiuent que la moitié.

XXXIV.

Mais les iniures faictes aux femmes se
punissent au double.

XXXV.

La plus grande peine & amende attire
& emporte la moindre.

De Iugements. TILTRE III.

IL plaide bel, qui plaide sans partie.

II.

Les cautions Iudiciaires n'ont point de
lieu entre les François.

III.

Messire Pierre de Fontaines dit, Que
nostre vsage ne faisoit rendre aucuns despens de plaid: ce qui estoit aussi porté par
vne ancienne ordonnance du Roy sainct

Louis : mais au lieu de ce y auoit amende
aux hommes & à la Cour, & vne peine
de la dixiesme partie de la chose contro-
uersee, iusques à ce que par l'Ordonnance du Roy Charles IV. dit le Bel : l'on a
pratiqué le *victus victori*, du pays de
droict escrit, & la peine dessusdite esté
abolie.

IIII.

Comme depuis l'amende du fol appel
a esté introduicte par l'Ordonnance du
Roy François I. contre ceux du mesme
pays.

V.

Le Roy, & les seigneurs en leurs iusti-
ces, y plaident par leurs Procureurs.

VI.

Et n'y payent aucuns despens, ny n'en
reçoiuent.

VII.

Deffaut ne se donne contre le Procureur du Roy.

VIII.

L'on souloit dire, De l'homme mort,

le plaid est mort : mais ceste disposition du droict Romain a esté corrigee par les Arrests, & l'ordonnance de l'an 539.

IX.

En petitoire ne gist prouision.

X.

Au rapport des iurez foy doit estre adioustee en ce qui est de leur art, s'il n'en est demandé amendement.

XI.

Les Iuges doiuent iuger certainement & selon les choses alleguees & prouuees.

XII.

Et ne peuuent estre pris à parties en leurs noms s'il n'y a dol, fraude ou concussion.

XIII.

Sage est le Iuge qui escoute, & tard Iuge. Car de fol Iuge briefue sentence.

XIV.

Necessité n'a point de loy.

XV.

Par le droict ancien de la France le contumax perdoit sa cause bonne ou

mauuaife, ciuile ou criminelle. Auiour-
d'huy il faut iuftifier fa demande.

XVI.

Erreur de calcul ne paffe iamais en force de chofe iugee.

XVII.

I'ay fouuent ouy dire à feu Monfieur
l'Aduocat du Mefnil, Que les belles offres faifoient perdre les beaux procez.

XVIII.

Et à feu M. Bruflard Prefident aux En-
queftes, Qu'au iugement d'vn vil procez,
il fe falloit contenter de ce qui s'y trou-
uoit, fans y rechercher ou interloquer
dauantage.

XIX.

Vne voix n'empefche point partage.

XX.

En matiere criminelle n'y a partage:
ains paffe le iugement à la plus douce
opinion.

Des Appellations. TILTRE IV.

I.

LEs Sentences ne se peuuent reformer que par appel, & non par nullitez alleguees contre icelles.

II.

Les appellations sont personnelles.

III.

Par la coustume du Royaume on deuoit appeller Illico, autrement on n'y estoit iamais receu.

IV.

Les Iuges Royaux dont est appel ne peuuent estre prins à partie, s'il n'y a dol, fraude, ou concussion.

V.

Les Iuges non Royaux sont tenus de soustenir leur Iugé au peril de l'amende sur eux, ou leur Seigneur.

VI.

Ceux qui ont failly en faict & en droict doiuent aussi l'amende à la discretion de la Cour.

V I I.

En caufe d'appel és pays Couftumiers on ne fe pouuoit accorder fans lettres du Roy.

V I I I.

Le villain ne pouuoit fauffer le iugement de fon Baron, mais par l'eftabliffement de la Cour de Paris, à Paris toutes appellations s'y peuuent releuer.

I X.

Toutes appellations ont effect fufpenfif & deuolutif, finon que par l'ordonnance les iugemens foient executoires nonobftant oppofitions ou appellations quelconques.

X.

Ce qui eft irreparable en definitiue, ne s'execute par prouifion.

I X.

Si celuy qui eft donné tuteur en appelle, il ne laiffe d'en eftre chargé pendant l'appel.

X I I.

Les appellations comme d'abus ont lieu quand il y a contrauention ou entre-
prife

prise contre les saincts decrets, libertez
de l'Eglise Gallicane, Arrests des Cours
souueraines, Iurisdiction seculiere, ou
Ecclesiastique. Et tient-on qu'elles sont
de l'inuention de Messire Pierre de Cug-
nieres, ores qu'elles semblent plus modernes.

XIII.

Le Iuge d'appel execute le iugement
par luy donné ou confirmé

D'executions & Decrets. TILTRE VI.

I.

L'On ne commence iamais par execution ou saisie, si ce n'est en vertu d'vn
contract garantigié, iugement, ou chose priuilegiée. Car voyes de faict sont
defendues.

II.

Et si n'eschet prouision, en ce q il seroit irreparable.

III.

Le mort execute le vif : & non le vif, le mort : c'est à dire, Que tout droict d'execution s'esteint auec la personne de l'obligé ou condamné.

I V.

Par coustume & vsance gardee en Cour laye garnison se faict és mains du Sergét porteur de lettres passees sous seel Royal ; nonobstant opposition : voire nonobstant l'appel, par l'ordonnance du Roy Charles V I I I. de l'an 1484.

V.

Lettres vne fois grossoiees, ne peuuent estre regrossoyees sans appeller la partie, & ordonnance de Iustice.

V I.

Lettres Royaux & commissions ne sont valables, ny les iugemens executoires, apres l'an & iour.

V I I.

Toutesfois prise de corps ne se suranne point, & s'execute nonobstant toutes appellations.

VIII.

De Prefles & de Marcueil tiennent que celuy qui peut eftre arrefté par la loy & & priuilege de ville, eft tenu d'y eflire domicile.

IX.

Ceux qui vont ou reuiennent de foires, iugement ou mandement du Roy ne peuuent eftre arreftez pour debtes quoy qu'elles foient priuilegees.

X.

Le Roy ne plaide iamais deffaify.

XI.

Saifie fur faifie ne vaut.

XII.

Les faifies font annales, ou pour le plus triennales.

XIII.

Vn fergent eft creu du contenu en fon exploict, & de fa prife, iufques à cinq fols.

XIV.

Toute cognoiffance de caufe luy eft defenduë.

XV.

Vn decret adiugé, vaut des heritance.

XVI.

Vn decret nettoye toutes hypotheques
& droicts, fors les cenfuels & feudaux.

XVII.

Le pourfuiuant criees n'eſt garend de
rien fors de folennitez d'icelles.

XVIII.

L'on fe peut oppofer fur le prix entre
l'adiudication & le fcellé.

XIX.

Tout achepteur, gardien, & depofi-
teur des biens de iuſtice, & obligé pour
chofe iudiciaire, eſt contraignable par
corps, fans qu'il puiſſe eſtre attermoyé,
ny receu à faire ceſſion.

XX.

Toutes debtes du Roy font payables
par corps.

XXI.

Rebuffe dit que l'on tient pour reigle
en France, ce que plufieurs Couſtumes

dient, Que refpits ny ceffions de biens,
n'ont lieu en debte deniee & adiugee,
loüage de maifons, moiffons en grains
ou en deniers, debtes de mineurs contre
leurs tuteurs, victuailles, feruice de mer-
cenaires, & condemnation d'intereft
procedant de delict, & quelques autres.

De Tailles & coruees. TILTRE VI.
I.

LEs tailles font perfonnelles, & s'im-
pofent au lieu du domicile, le fort
portant le foible.

II.

Le domicil' s'acquiert par an & iour:
& fe prend au lieu où l'on couche & leue
au iour fainct Remy.

III.

Qui n'a ne peut, & où il n'y a que
prendre, le Roy pert fon droict.

IV.

Befoing ou neceffité n'a loy.

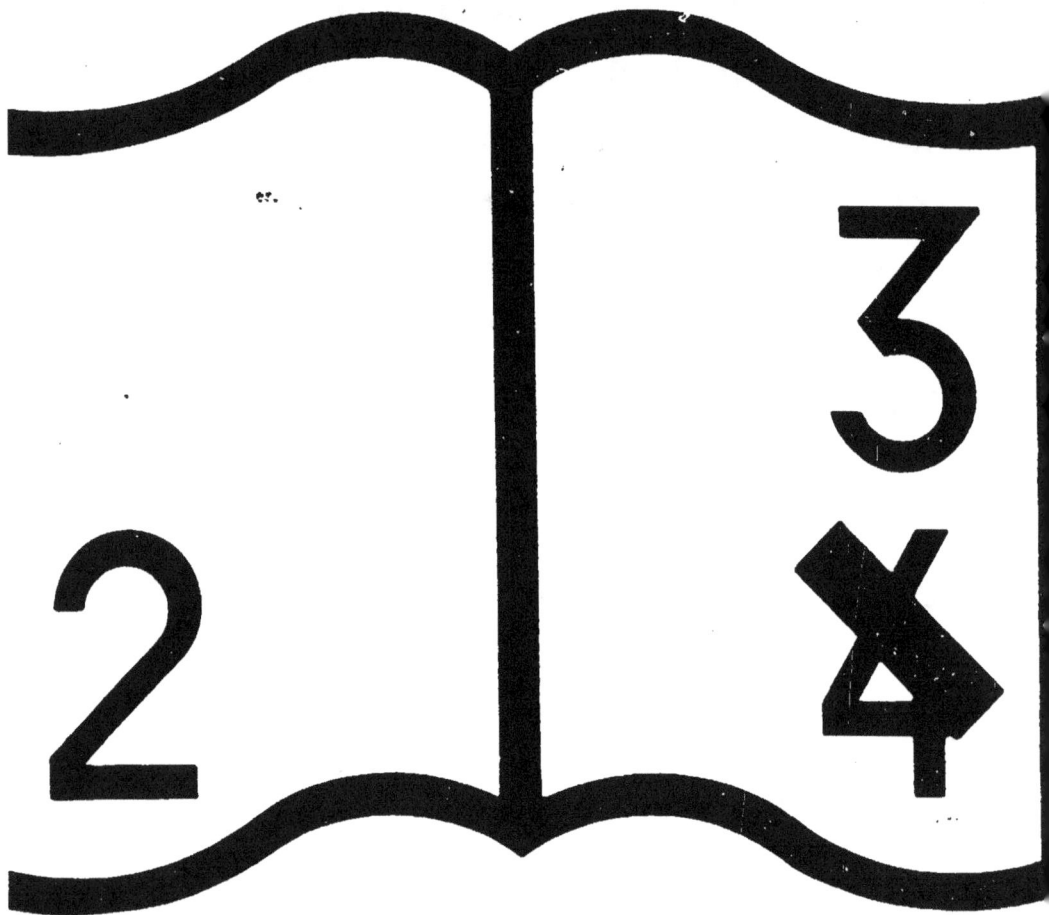

Pagination incorrecte — date incorrecte

NF Z 43-120-12

V.

Les collecteurs doiuent estre tenus de faire le mauuais bon

VI.

Coruees à la volonté sont limitees à douze l'annee, se doiuent faire d'vn Solei à l'autre : n'en peut on prendre plus de trois en vn mois, & en diuerses sepmaines

VII.

Noble n'est tenu de payer taille, ny faire viles coruees à son seigneur : mais le seruir en la guerre, & autres actes de noblesse.

VIII.

Coruees se doiuent faire aux despens de ceux qui les doiuent : sinon que l'on retienne les debteurs d'icelles pour le lendemain, auquel cas on les doit gister & nourrir.

IX.

Coruees, tailles, guets, gardes, & questes n'ont point de suitte, ne tombent en arrerages, & ne peuuent estre vendus ny transportez à autruy.

X.

En assiette de terre, coruee, ou peine de vilain n'est pour rien comptee.

V Iue, Vale, & si quid nouisti rectius
     istis,
Candidus imperti, si non, his vtere mecum.

www.ingramcontent.com/pod-product-compliance
Lightning Source LLC
Chambersburg PA
CBHW050104210326
41519CB00015BA/3815